Félix Lope de Vega y Carpio

La prueba de los amigos

Créditos

Título original: La prueba de los amigos.

© 2024, Red ediciones S.L.

e-mail: info@Linkgua-ediciones.com

Diseño de cubierta: Michel Mallard.

ISBN tapa dura: 978-84-1126-3146-.
ISBN rústica: 978-84-9816-198-4.
ISBN ebooks: 978-84-9953-249-3.

Cualquier forma de reproducción, distribución, comunicación pública o transformación de esta obra solo puede ser realizada con la autorización de sus titulares, salvo excepción prevista por la ley. Diríjase a CEDRO (Centro Español de Derechos Reprográficos, www.cedro.org) si necesita fotocopiar, escanear o hacer copias digitales de algún fragmento de esta obra.

Sumario

Créditos 4

Brevísima presentación 7
   La vida 7

Personajes 8

Jornada primera 9

Jornada segunda 57

Jornada tercera 105

Libros a la carta 157

Brevísima presentación

La vida
Félix Lope de Vega y Carpio (Madrid, 1562-Madrid, 1635). España.
Nació en una familia modesta, estudió con los jesuitas y no terminó la universidad en Alcalá de Henares, parece que por asuntos amorosos. Tras su ruptura con Elena Osorio (Filis en sus poemas), su gran amor de juventud, Lope escribió libelos contra la familia de ésta. Por ello fue procesado y desterrado en 1588, año en que se casó con Isabel de Urbina (Belisa).
Pasó los dos primeros años en Valencia, y luego en Alba de Tormes, al servicio del duque de Alba. En 1594, tras fallecer su esposa y su hija, fue perdonado y volvió a Madrid. Allí tuvo una relación amorosa con una actriz, Micaela Luján (Camila Lucinda) con la que tuvo mucha descendencia, hecho que no impidió su segundo matrimonio, con Juana Guardo, del que nacieron dos hijos.
Entonces era uno de los autores más populares y aclamados de la Corte. En 1605 entró al servicio del duque de Sessa como secretario, aunque también actuó como intermediario amoroso de éste. La desgracia marcó sus últimos años: Marta de Nevares una de sus últimas amantes quedó ciega en 1625, perdió la razón y murió en 1632. También murió su hijo Lope Félix. La soledad, el sufrimiento, la enfermedad, o los problemas económicos no le impidieron escribir.

Personajes

Fabio
Fabricio
Tancredo
Dorotea
Fulgencio
Feliciano
Galindo, lacayo gracioso
Leonarda, dama
Dorotea
Clara
Oliverio
Fernando
Liselo
Justino
Ricardo
Faustino, viejo
Don Tello
Julio
Cornelio
Friso
Lerino
Un Alguacil
Alberto
Liseno
Un Criado
Dos músicos

Jornada primera

(Entren Fabio, Fabricio, Tancredo, Fulgencio y otros, de acompañamiento, y Feliciano, con un luto; y detrás de todos Galindo, lacayo, con otro luto a lo gracioso.)

Fabio	Téngale Dios en el cielo,
	que, juzgando por sus obras,
	mejor padre, muerto, cobras
	que le perdiste en el suelo;
	tales fueron sus costumbres,
	que pienso que, desde aquí,
	le puedes ver como allí
	se ven las celestes lumbres.
Fulgencio	En mi vida supe yo
	dar un pésame, Tancredo.
Tancredo	No me dio cosa más miedo,
	ni más vergüenza me dio.
	¿Cómo diré que, en rigor,
	de consuelo le aproveche:
	«¿Vuesa merced le deseche
	por otro padre mejor?»
Fulgencio	Eso fuera desatino;
	óyeme e imita luego.
Tancredo	¿En fin, vas?
Fulgencio	Temblando llego.
	Como el gran padre divino
	lo es de todos inmortal,
	consuelo podéis tener,
	que os ha de favorecer,

	Feliciano, en tanto mal;
	su falta se recupera
	con poneros en su mano.
Fabricio	No es posible Feliciano
	que en vos Everardo muera,
	quedando tan vivo en vos,
	que sois su traslado cierto;
	pero guárdeos Dios, y al muerto
	téngale en su gloria Dios.
Fulgencio	¿Aún no llegas?
Tancredo	No he podido
	sujetar mi mal humor;
	dar el pésame es mejor
	de este hipócrita fingido,
	a este alcahuete bellaco,
	a este Pármeno fiel,
	que yo me avendré con él.
Fulgencio	¿Va el pésame?
Tancredo	Ya le saco.
	Señor Galindo, ya es muerto
	su padre de Feliciano;
	que vos quedáis, es muy llano,
	por su padre...
Galindo	Sí, por cierto.
Fulgencio	Sacad del capuz la cara.
Galindo	Mejor está en el capuz,

	pues ha faltado la luz, que hoy nos deja y desampara. ¡Ay, mi señor Everardo! ¿Dónde hallaré tal señor?
Tancredo	Su hijo tiene valor y es caballero gallardo; mejor amparo tenéis, buen dueño habéis heredado.
Galindo	Todo a todos ha faltado. ¡Triste de mí!
Tancredo	No lloréis.
Galindo	Yo lloro con gran razón; el pan a llorar me mueve.
Tancredo (Aparte.)	(Mejor el diablo le lleve que lo siente el bellacón.)
Fabricio	Quedad con Dios, Feliciano, y pues que sois tan discreto con sentimiento secreto dad al público de mano; prudente sois, esto basta.
Fulgencio	Adiós, Feliciano.
Fabricio	Adiós.
Feliciano	Con todos vaya.
Tancredo	Y con vos

	quede.
Galindo	Lindo humor se gasta.

(Vanse Fabio, Fabricio, Tancredo, Fulgencio, y los otros.)

Feliciano	¿Fuéronse esos majaderos?
Galindo	Ya la escalera transponen.
Feliciano	Los hábitos me perdonen.
Galindo	Todos nacimos en cueros; éstas son borracherías que el loco mundo ha inventado.
Feliciano	El lutazo me he quitado.
Galindo	Yo, las mortíferas chías; salgo de la negra tumba como espada de la vaina.
Feliciano	Aquí la tristeza amaina.
Galindo	El retintín me retumba de un poquito de chacona.
Feliciano	No bailes, Galindo, tente que no quiero que la gente murmure de mi persona.
Galindo	Calla, señor, ¡pesia mí! ¿Es la ventura que ves para que puedan los pies

| | tener sufrimiento aquí?
| | Cuando tiene un enemigo
| | un hombre, y se muere o va,
| | ¿no se alegra?

Feliciano   Claro está.

Galindo   Pues si está claro, eso digo,
            ¿Qué enemigo capital
            como el viejo que hoy te falta?
            Baila, brinca, tañe, salta.

Feliciano   Fue padre, y haremos mal.

Galindo   ¿Qué más quieres que viviera?
            ¡Ojalá llegues allá!
            Con cuatro sietes se va;
            mira si es mala primera.
              Es bueno, yo lo confieso;
            pero que hoy vive imagina,
            y por tus gustos camina,
            verás lo que siente en eso.
              Ni tendrás solo un real,
            ni de libertad una hora;
            mira si truecas agora
            en tanto bien tanto mal.
              Treinta mil ducados deja,
            que, si va a decir verdades,
            treinta mil necesidades
            te lastimaban la oreja,
              y éstas todas las remedias.
            ¿Era mejor, Feliciano,
            ser por puntos cirujano
            de los puntos de tus medias?

| | ¿Era mejor no tener
que gastar con Dorotea
para que quien la desea
la pueda a tus ojos ver,
 y aun gozarla, como sabes?

Feliciano   Calla, no me digas eso;
perderé, Galindo, el seso
antes que de hablar acabes.
 Diez años antes quisiera
que fuera muerto el que ya,
como tú dices, se va
con tan hermosa primera.
 Si un hijo del viento gasta,
y no hay más que la comida,
en el juego de esta vida
a un padre rico bien basta
 que a siete y seis entre un as;
que es lástima envejecer
un hijo mozo, y tener
muchas veces treinta y más.
 Pero gente suena; toma
el capuz, ¡pesia a mi mal!

Galindo   ¡Otra vez tumba mortal!

Feliciano   Son chapines.

Galindo   Manto asoma.

(Sale Leonarda, dama.)

Leonarda   Aunque no era, Feliciano,
esta ocasión para verte,

        al pésame de la muerte
de un padre noble y anciano,
   bien puede venir Leonarda,
con la justa pretensión,
que más de tu obligación
que de tus prendas aguarda.
   Cuanto a ser tu padre el muerto,
Dios sabe que me ha pesado;
no cuanto a haberle culpado
en nuestro justo concierto,
   del cual sospecho que agora
tendrás memoria y de mí,
que por darte gusto fui
a iguales padres traidora.
   Que si él, como tú decías,
tu casamiento estorbara
cuando con él se tratara,
y su aspereza temías,
   ya no podrás, Feliciano,
huir el rostro a mi honor,
muerto aquél cuyo rigor
fuera combatido en vano.

(Aparte.)   (Pues el estar sin hacienda
ya no puede ser excusa,
ni menos quedar confusa
por deudas, pleito, o contlienda.)
   Ya quedas libre, señor
de tu hacienda y tu persona;
mi causa quien soy te abona;
tu deuda, mi propio honor.
   Que en efecto...

Feliciano   No prosigas.
¡Que locas sois las mujeres!

¿Que agora me case quieres?
¿Aquí me fuerzas y obligas?
 ¡No está del muerto la cama
fría del calor que tuvo
cuando en ella enfermo estuvo,
y ya a la boda me llama!
 ¡No está libre el aposento
de humo de tanta cera,
y ya quien que la quiera
para fiesta y casamiento!
 ¡Aún cantan quiries allí
sobre tumbas y memorias,
y ya quiere que haya glorias
de desposorios aquí!
 ¡Apenas allí, tan triste,
cesa de réquiem la misa,
y aquí con tal gusto y prisa,
a la de fiesta se viste!
 ¡Apenas lugar he dado
a que el pésame me den
y ya me da el parabién
del paramal de casado!
 ¡Veme de luto cubierto,
y ya me obliga a bailar!

Leonarda Siendo mujer, fuera errar;
mas no, siendo padre el muerto.
 ¿Que importa que esté caliente
la cama en que no dormías
y en cuyas sábanas frías
durmió un padre impertinente?
 El humo de tanta cera,
¿qué importa? ¡Mas estás ciego
del humo, infame, del fuego

que abrasar tu honor espera;
   que, según van las historias
que de Dorotea oí,
cantarán quiries por ti,
y ella en tu hacienda las glorias!
   Ésta sí será la misa
de réquiem y de dolor
a la muerte de tu honor,
de que ya el luto te avisa.
   Sigue la vil Dorotea,
vuelve a mi deuda la cara,
pues ya tu amor no repara
en que de otros muchos sea.
   Los hombres eso queréis;
lo que es de otros siempre amáis,
de lo que solos gozáis
poca estimación hacéis.
   Celos os hacen querer,
lágrimas mucho os enfadan,
lo que las libres agradan
cansa una honrada mujer.
   La competencia os abrasa,
las traiciones os afinan,
los desdenes os inclinan,
y el ver mucha gente en casa.
   Compráis donde hay mucha gente,
que por eso es vino amor,
no donde se guarda honor
y entra el amor solamente.
   Fiéme de ti, gozaste
de mí, dejásteme así;
por el honor que te di
tu palabra me enseñaste.
   No tiene honor, ni es posible,

                    el que no vuelve a cobrarla,
que empeñarla y no quitarla
llaman bajeza terrible.
   Espero en Dios que ese luto
traerán tus deudos por ti,
para que yo coja ansí,
como la esperanza, el fruto;
   que con solo verte muerto
podré yo quedar vengada,
viuda sin ser casada,
y tú, infame, en el concierto;
   que de él y tus juramentos
allá me pienso vengar;
¡que a fe que irás a lugar
donde juzgan pensamientos!

(Vase Leonarda.)

Feliciano   ¿Fuese?

Galindo   Por las escaleras.

Feliciano   Ojalá por las ventanas.
¡Qué de maldiciones vanas!
¡Qué de soñadas quimeras!
   ¡Qué de cansadas razones!
¡Qué de locas vanidades!
¡Cómo pondera verdades
y cómo culpa traiciones!
   Basta, que ya las mujeres,
solo que los labios abras,
quieren trocar a palabras
sus mal gozados placeres.
   ¡Pesia tal! Cuando algún preso,

porque de palabra afrenta
a otro hombre, el juez se contenta
que pruebe que está sin seso.
   Que muchos hay que han probado
que estaban fuera de sí.
¿Por qué no me vale a mí
haber lo mismo jurado?
   Cuando gocé esta mujer,
palabras le di, confieso;
pero, si estaba sin seso,
¿por qué no me ha de valer?
   Que vino como llegar
a ejecutar un deseo;
luego sin culpa me veo.
¿Por qué me obliga a casar?
   Porque he llegado a gozarla,
¿qué hombre cuerdo no dirá
que se casará y que hará
mil cosas hasta engañarla?
   Pero, engañada, no sé
qué ley obliga a un forzado,
que fuerza es haber llegado
donde dice que llegué.
   Si a mí me hicieran casar
por fuerza, no hiciera efecto;
que a fuerza estuve sujeto.
¿Qué ley me pudo obligar?

Galindo	¡Extrañas leyes inventas! ¿Fuerza es llegar a engañar una mujer?
Feliciano	¿No es forzar el alma, al caso que intentas?

Galindo
    No, sino dejar llevarse
del apetito sin rienda
para que jure y se ofenda,
por su gusto, en perjurarse.
    No hay fuerza en el albedrío.
La virtud ha de vencer:
fuerza pide la mujer;
¿y ésa es fuerza, señor mío?
    Porque, en fin, hizo, forzada
de tu ruego y diligencia,
menos fuerza y resistencia
y dio lugar engañada.
    Y aquí no vale decir
que quitó el seso el Amor;
quien jura y quita el honor,
ha de cumplir o morir.

Feliciano
    ¿Tú me predicas?

Galindo
    ¿Qué quieres?
En llegando a la razón,
no hay amo.

Feliciano
    ¡Terribles son,
cuanto a su honor, las mujeres!
    Dame medias de color;
iréme a desenfadar.

Galindo
    La noche dará lugar;
ve, por tu vida, señor,
    a que el pésame te dé
la gallarda Dorotea.

Feliciano	Cree que el pláceme sea
	del dinero que heredé,
	de que ya se juzga dueño.
Galindo	¡Que bien le sabrá sacar!
Feliciano	Yo me sabré reportar.
Galindo	¿Tú?
Feliciano	¿Pues no?
Galindo	¡Cosa de sueño!
	Pues a fe que te importara
	irte poco a poco en esto.
Feliciano	Aconséjasme muy presto;
	lo de adelante repara,
	que agora, por Dios, que quiero
	gastar por un año o dos
	pródigamente.
Galindo	¡Por Dios,
	que es lindo amigo el dinero!
	Gasta, cobra amigos, da;
	sé liberal, noble, honrado;
	quien da solo es estimado;
	cercado de amigos va;
	éstos son mayor riqueza
	que el dinero.
Feliciano	Ya verás
	mi virtud.

Galindo	Pues, ¿cuál tendrás?
Feliciano	Contra avaricia, largueza.

(Vanse. Salen Dorotea y Clara.)

Dorotea	¿Qué me cuentas?
Clara	Lo que vi.
Dorotea	¿Que es ya muerto?
Clara	Está enterrado.
Dorotea	¡Bravo suceso!
Clara	¡Extremado!
Dorotea	Y mucho más para mí.

Clara	Bajaba de aquella calle,
	que han echo un palacio en fin
	los monjes de San Martín,
	a darle el papel y hablalle,
	  cuando veo a San Ginés
	acercarse un largo entierro,
	honra del final destierro
	que de la vida lo es.
	  Veo mil hachas ardiendo,
	pobres vestidos, contentos,
	que heredan los avarientos
	que no pudieron viviendo;
	  gozan el vestido y hacha
	que no les dio la virtud.

En fin un negro ataúd,
seis de jerga y de capacha
   veo que en los hombros llevan,
tras mil clérigos y cruces,
frailes, cofradías, luces
cuantas a un noble se daban.
   Miro el acompañamiento.
Hábitos y gente ilustre;
y entre este adornado lustre,
polvo en tierra y humo en viento;
   veo a nuestro Feliciano
entre un capuz y un sombrero,
muy triste, porque el dinero
no estaba todo en su mano.
   Tras él iba aquel bellaco
de Galindillo, fingiendo
que lloraba, y componiendo
su tumba; a un teñido saco
   la falda llevaba, y creo
que iba diciendo entre sí:
«¡Oh si llevara yo aquí
los escudos que deseo!»
   Fuera preguntar en vano
quién era el muerto; ya ves:
rico entierro en San Ginés
y enlutado a Feliciano.

Dorotea   Por tu vida que te diera,
si las hubieras perdido,
albricias.

Clara   Buenas han sido;
del interés que me espera
   no doy mi parte.

Dorotea   Detente,
que siento gente en la puerta;
entraránse, que está abierta.

(Salen Oliverio y Fernando.)

Oliverio   Sí, harán, que es segura gente,
    pero si estás ocupada,
también atrás volverán.

Dorotea   Nunca estas sillas lo están
para gente tan honrada.
    ¿Qué hay de nuevo en nuestra aldea?

Fernando   Así la puedes llamar;
por acá, comer y holgar
y juventud que pasea.
    Si no es que tienes que hacer,
tuyos somos este rato.

Dorotea   Mientras se tarda un ingrato,
me podéis entretener.

Oliverio   ¿Qué, le quieres todavía?

Dorotea   ¿Es milagro?

Oliverio   En tu mudanza...

Dorotea   Pues, hay mudanza que alcanza
a quien de mudanzas fía.

Fernando   ¿No te trata bien Ricardo?

Dorotea	Sospecho que quiere bien.
Oliverio	Si no le muestras desdén, mayor libertad aguardo.
Fernando	Dale celos.
Dorotea	No aprovecha.
Fernando	¿Trágase estas balas?
Dorotea	Sí.
Fernando	¿Es diestro?
Dorotea	Cuanto lo fui.
Fernando	Bien hace, tu amor sospecha. Un hombre no ha de saber que es querido.
Dorotea	No es lección que, puesta en ejecución, le está bien a una mujer; que tratarle sin amor mucho desdora.
Fernando	Templarle, y darle para gozarle con recatado favor.
Oliverio	La puerta suena.

Dorotea	¿No cierras?

(Salen Liselo y Justino.)

Liselo	En tiempo de tantas paces no la cierres, que bien haces, y si bien haces, no yerras.
Dorotea	Seáis los dos bien venidos. ¿Dónde Ricardo quedó?
Justino	Aquí pensé hallarle yo.
Dorotea	¿Ya soy centro de perdidos?
Liselo	Si lo están todos por ti, que aquí se busquen es bien.
Clara	¿Queréis que naipes os den?
Justino	¿Hay algo que rifar?
Clara	Sí.
Fernando	¿Qué, por tu vida?
Clara	Unos guantes.
Oliverio	¿Son de olor?
Clara	Como lo dices.
Liselo	Favor para las narices.

Oliverio	¿Sabes por cuántos instantes?
Liselo	¿Son de ámbar o perfumados? ¿Olerán hasta salir de la calle?
Clara	Eso es decir que estáis de rifar cansados; pues ya por los naipes voy.
(Vase Clara.)	
Dorotea	¡Qué necia que estás, Clarilla!
Justino	Lo acuchillado acuchilla.
Oliverio	¿Tenéis vos?
Fernando	Sin blanca estoy.
Oliverio	¡Qué fría es aquesta treta de dar luego que rifar!
Justino	Viejo modo de pescar es esta necia receta.
Fernando	¿Para sacar seis escudos qué sirven estas bajezas? Repártanse por cabezas, y hagamos señas de mudos.
Liselo	No perderán estas damas esta costumbre o traición, como el pedir colación.

Oliverio	Pues es andar por las ramas.

(Sale Clara.)

Clara	Una palabra al oído.
Oliverio	¿Hay visión? ¿Hemos de huir?
Dorotea	Acábalo de decir.
Clara	Los guantes y naipes pido
a la mulatilla, y ella
me dice que Feliciano
está a la puerta.
Dorotea	Su mano
me da amor; mato con ella.
¡Perdido mozo!
Clara	¡Jesú!
Cuéntalo por rematado.

(Dorotea habla aparte con Clara.)

Dorotea	Despedirlos me es forzado
mientras que le llamas tú.
Clara	Echa esta inútil caterva
en tanto que voy.

(Vase Clara.)

Dorotea	Mis reyes

	ya sabrán de nuestras leyes,
	que este lugar se reserva
	para cosas de provecho;
	otra venta abajo piquen.
Oliverio	¿Hay pesca?
Dorotea	No me repliquen.
Liselo	Es mal hecho.
Justino	No es mal hecho, que aquí se ha de dar lugar.
Fernando	Con tal condición se alquila.
Liselo	Vamos a ver a Drusila, que hoy acabó de llegar.
Oliverio	¿Adónde estaba?
Liselo	En Toledo.
Oliverio	¿Y no se vende el caudal?
Liselo	¿Cómo le ha de ir bien al mal?
Oliverio	Estoy por...
Fernando	Hablemos quedo.
Oliverio	¡Vive Dios que le he de dar una matraca!

Fernando	Eso sí.
Oliverio	Callad y echad por aquí; oiréis a Fabia cantar.

(Vanse Fernando, Oliverio, y Liselo. Salen Clara, Feliciano y Galindo, de noche.)

Feliciano	¿Podré verte?
Dorotea	Desemboza esa cara, que Dios guarde.
Feliciano	No puede venir más tarde.
Clara	Quedo. ¿Él también me retoza?
Galindo	¿No puedo tocar la mano? ¡Aunque en aquesta ocasión fueras cuenta de perdón!
Clara	Sosiegue la mano, hermano.
Feliciano	¿Quién son éstos que se van?
Dorotea	No hay cosa que importe en ellos.
Feliciano	¿Es acaso alguno de ellos Ricardo?
Dorotea	¿Quién?
Feliciano	Tu galán.

Dorotea	Donde tú vives, mi bien, ¿qué Ricardo, o qué riqueza mayor para mí?
Feliciano	¡Oh belleza divina! ¿Ya sin desdén?
Dorotea	¿Desdén para ti, mis ojos, si eres la luz con que veo? Ya me mataba el deseo de celos, ansias y antojos. ¿Dónde has estado? ¿En qué andas? ¡Desde ayer sin verme, ay cielos! ¿Por qué me matas con celos cuando servirte me mandas? No estoy bien con tus ausencias, trazando vas mis disgustos; o tienes allá otros gustos, o acá pruebas mis paciencias.
(Aparte.)	(A fe que alguna dichosa esta noche tuvo el lado más discreto, más honrado, que ha visto esta alma envidiosa.) Muestra la mano. El color se te ha trocado. Esto es cierto; ¡una noche tú me has muerto!
Clara	¿Qué extraña señal de amor?
Galindo	¿Desmayóse?
Feliciano	¿No lo ves?
Galindo	¡Vive Dios, que es de lo fino!

                        Ved qué de presto le vino
                        de la cabeza a los pies.

Feliciano   Trae, por tu vida, Clara
                        un poco de agua de azahar;
                        si no la puede tomar,
                        echarásela en la cara.
                            ¡Ay tales celos!

Galindo   Por Dios,
                        que es lástima; está mortal.

Feliciano   ¿No vas?

Clara   Voy.

(Vase Clara.)

Galindo   Mala señal.

Feliciano   ¿Para quién?

Galindo   Para los dos.

Feliciano   ¿Cómo?

Galindo   Porque es mal agüero
                        entrar aquí con azar
                        y estas dos sotas hallar
                        en el encuentro primero.

Feliciano   Necio, ¿este rostro no miras?

Galindo   Discreto, ya estoy mirando

| | el mismo rostro que cuando |
| | de ver su color te admiras. |

Feliciano   ¿No ves que es color fingida
            y no se puede mudar?
            La que es suya has de mirar
            en tantas partes perdida.

Galindo   Cuanto aquí se ve es fingido.
            ¿Es ratón éste?

Dorotea   ¡Ay de mí!

Galindo   ¿Ves qué presto vuelve en sí?

Dorotea   ¡Qué necio, Galindo, has sido!
              ¡Qué alteración me has causado!

Galindo   ¿Pues no estabas desmayada?

Dorotea   Algo estaba ya cobrada,
            y era aquel susto pasado.

Feliciano   ¡Maldígate Dios, amén!
            ¡Qué costosas gracias tienes!

Galindo   Clara es ésta.

(Sale Clara con brinco de agua.)

Feliciano   Tarde vienes;
            mas toma el agua, mi bien.

Dorotea   Muestra, que a fe que estoy tal

	que apenas he vuelto en mí;
	ni sé cómo vivo aquí,
	según me he visto mortal.

(Beba.)

Galindo	Agradézcanlo al ratón,
	que nuestro médico ha sido.

Feliciano	Bebe más.
Dorotea	Harto he bebido.
Galindo	¿Confortaste el corazón?

Feliciano	¿Es posible que no sabes
	dónde he estado, ni has sabido
	qué es lo que me ha sucedido?

Dorotea	Dime palabras suaves,
	regálame, por tu vida,
	que a fe que lo he menester.

Galindo (Aparte.)	(¡Qué diestra está la mujer!
	Toda la pena es fingida.)

Feliciano	Mi bien, ayer se murió
	mi padre, y hoy le enterré;
	si en aquesto me ocupé,
	la muerte es quien te ofendió;
	con esta dama dormí,
	un capuz la cama fue,
	que esta noche me quité
	por no entrar a verte ansí.

Dorotea	¡Tu padre es muerto!
Feliciano	Ya es muerto.
Galindo (Aparte.)	(¿Ha de haber desmayo agora? ¡Oigan, vive Dios, que llora!)
Feliciano	Mi bien, que es mi bien te advierto. 　Mira que eres hoy el dueño de sus treinta mil ducados. Ya no andarán enseñados tus desdenes y mi sueño; 　Ten, mi señora, alegría.
Dorotea	¿Puedo dejar de sentir que es tu sangre?
Galindo (Aparte.)	(¿Hay tal fingir?)
Feliciano	¿Has cenado?
Dorotea	Ahora quería.
Feliciano	¿Qué tienes?
Dorotea	Poco o nonada, mas para entrambos habrá.
Feliciano	¡Hola, Galindo! ¿Tendrá algo aquél, tu camarada?
Galindo	No faltará algún capón.

Feliciano	Estos cuatro escudos toma; trae una gentil redoma de aquel ramo del cantón; y de camino Guzmán el luto puede traer, que aquí me ha de amanecer y no he de salir galán.
Dorotea	Por fuerza lo ha de salir quien como vos lo nació, si no le marchito yo.
Galindo (Aparte.)	(¡Qué bien lo sabe fingir! Voy en un salto.)
Feliciano	Camina.
(Vase Galindo.)	
Dorotea	Pésame que haya heredado quien pobre me ha conquistado.
Feliciano (Aparte.)	(No sé lo que ésta imagina. Cuando pobre, nunca vi su rostro sereno y ledo, y agora que ve que heredo toda se transforma en mí. Pero, pues no lo sabía cuando la vi desmayar, no es justo, Amor, agraviar mujer que sin duda es mía. No se canse más Leonarda, ni más me pida su honor, si con el mismo rigor

	trescientos años aguarda,
	que ya soy de Dorotea
	muy justamente perdido,
	pues que soy de ella querido,
	que es lo que el alma desea.)
Dorotea	No seas necia.
Clara	Acaba ya.
Dorotea	Déjame.
Feliciano	¿Qué es la cuestión?
Dorotea	Locuras de Clara son.
Feliciano	¿No lo sabré?
Dorotea	Bien está; vos lo sabréis.
Feliciano	¿Por qué no?
Dorotea	Porque no puedo sufrir a quien quiero bien, pedir, que doy a quien quiero yo.
Feliciano (Aparte.)	(Daráme, por Dios, mohína.) Declaradme esas razones.
Dorotea	Sacastes ciertos doblones y cásase una vecina, y conjúrame que os pida para las arras.

Feliciano	¿Pues eso
tenéis, mi bien, por exceso,
siendo vos mi propia vida?
En este bolsillo van
siento, menos el que di;
serán arras de que hoy fui
de vuestro favor galán.
Dorotea	¡No haréis tal, por vida mía!
Feliciano	Por la misma lo he jurado.
Dorotea	Esta necia lo ha causado.
Clara	Conozco yo su hidalguía:
que de la misma manera
que esas arras acomoda,
te diera para la boda
ropa y saya, o saya entera;
mal conoces lo que vale
aquel hombre que está allí.
Feliciano	Pues, ¿es la madrina?
Clara	Sí,
y con saya y ropa sale;
hazle hacer, por vida tuya,
vestido de tu color,
porque su gala y tu amor
honren la belleza suya.
Que ella, como te ama tanto,
no te osa pedir aquello
que podrá, por no tenello,

	darte algún celoso espanto.
Feliciano	Eso no, por vida mía; mi sastre mañana venga, porque la medida tenga, que de él solo el alma fía; y sacaráse la tela de la color que le agrade.
Clara	Los pasamanos añade.
Feliciano	¿La guarnición te desvela? Del más ancho de Milán echen juntos cinco o seis.
Clara	¿Sin duda?
Feliciano	Allá lo veréis.

(Dorotea y Clara hablan aparte.)

Clara	Éste, señora, es galán. Mal haya Ricardo, amén.
Dorotea	¡Ay Clara!, a Ricardo adoro.
Clara	Pues adora agora al oro para que el oro te den.
Dorotea (Aparte.)	(¿Cuál oro, triste de mí, se puede igualar al gusto?)

(Sale Galindo.)

Galindo	El dinero vino al justo;
	cuanto me pidió le di;
	pero hay muy bien qué cenar,
	y mañana qué comer.
	Clara, tú puedes hacer
	esos capones pelar
	y asar aquellas perdices.
Clara	Oye aparte, mentecato.
Galindo	¿Qué quieres?
Clara	Óyeme un rato,
	necio, y no te escandalices.
	¿Este tonto de tu amo
	ha heredado?
Galindo	Así es verdad;
	el tonto y la cantidad
	he visto.
Clara	Aquí hay liga y ramo;
	éste es pájaro que viene
	dando en ella; no seas loco,
	sino caiga poco a poco
	con el dinero que tiene.
	¿No has leído a Celestina?
Galindo	A Celestina leí.
Clara	Pues mira a Sempronio allí
	y por sus pasos camina;
	deja, Galindo, a las dos
	que este pájaro pelemos,

	y tu parte te daremos.
Galindo	¡Altamente habláis, por Dios!
	Armalde, que yo seré
	el pájaro compañero.
	Traeréle al lazo.
Clara	Eso quiero.
Galindo	Como parte se me dé
	y la que espero de ti.
Clara	Digo que seré tu prenda.
Galindo	Pues quedo, y nadie lo entienda.
Dorotea	¿Llamaron?
Clara	Señora, sí.
Dorotea	Mira quién es.
Clara	En la voz
	he conocido a tu hermano.
	Escóndase Feliciano,
	que es un soldado feroz,
	y no hay hombre más celoso.
Dorotea	Vete, y ven después, mi bien.
Feliciano	¿Hermano?
Dorotea	Y hombre también,
	que es un Orlando furioso.

Galindo	¡Clara!
Clara	¡Galindo!
Galindo	Este hermano, ¿no viniera enhorabuena antes de traer la cena?
Clara	Ya lo previenes en vano.
Galindo	Dame siquiera un capón y la redoma del vino.
Dorotea	Detenerte es desatino.
Feliciano	Así mis venturas son; dame esos brazos, y adiós.
Dorotea	Por esta puerta te irás.
Galindo	¡Cena que no os veré más!
Clara	Por aquí saldréis los dos.

(Ricardo entre, y los dos, Galindo y Feliciano, se vayan.)

Ricardo	¿Han acaso ensordecido, Dorotea, tus criadas, o están acaso bañadas en las aguas del olvido? ¿Cenaron adormideras? ¿Qué tenéis que no me oís, y, si me oís, no me abrís?

Dorotea	¿Dirás que ha una hora que esperas?
Ricardo	Poco menos.
Dorotea	Ocupadas en regalarte estarán.
Ricardo	Más en echar al galán que hoy hablastes a tapadas; bien he sentido el ruido.
Dorotea	Tarde y celoso, ¡oh, qué bien!
Ricardo	Di que de cenar me den, que vengo medio dormido.

(Vase Ricardo.)

Clara	¿Para qué quieres este hombre, que te juega cuanto tienes, si hoy a ser rogada vienes de un rico tan gentilhombre?
Dorotea	Déjame con mi pasión. Tirano es Amor, no es rey; y así, en el gusto no hay ley, ni en la mujer elección.

(Vanse Dorotea y Clara. Sale Leonarda, en hábito de hombre, con espada y broquel, y un criado.)

Leonarda	Aquí me puedes dejar, o esperarme por ahí.

Criado	Si hay necesidad de mí
	allí me podrás hallar,
	  que tengo cierto requiebro
	de una platera de perlas,
	más firme que dos cañerlas
	y más blanda que un enebro;
	  silba, y vendré por el aire
	puesto a punto el yerro todo,
	en diciéndole un apodo
	y en oyéndole un donaire.

(Váyase el Criado.)

Leonarda	Escura y siempre triste y enlutada,
	gran Viuda del Sol, noche estupenda,
	cuya lustrosa toca reverenda
	de Holanda de la Luna fue cortada.
	  Secretaria de Amor, noche callada,
	haz que mis pasos ningún hombre entienda,
	y daréte una pieza por ofrenda
	de la bayeta en mi dolor frisada.
	  Noche, aquí vengo en busca de un ingrato;
	ponme con él, hablarle te prometo
	porque veas su injusto y mi buen trato.
	  Descanse mi cuidado en tu secreto,
	que es hijo de los días el recato,
	y de la noche el amoroso efeto.

(Salen Feliciano y Galindo.)

Feliciano	Sospechas traigo.
Galindo	¿De qué?

Feliciano	De que no es aquél su hermano.
Galindo	Pues fue tu sospecha en vano.
Feliciano	¿Por qué?
Galindo	Porque no lo fue, y en las cosas que son ciertas no hay sospechas.
Feliciano	¿Ciertas son?
Galindo	Conozco la condición de estas damas con dos puertas. ¡Lindo gatazo te han dado!
Feliciano	Quien ama, todo lo abona; ni es Dorotea persona de tan vil y bajo estado; su hermano será sin duda.
Galindo	¿Su hermano?
Feliciano	¿No puede ser?
Galindo	Conoces esta mujer; los hombres en bestias muda.
Feliciano	En que es su hermano me fundo.
Galindo	Si es su hermano, Feliciano, yo sé que hoy no cena hermano mejor que él en todo el mundo.

	¡Oh, hermano el más bien cenado que se ha acostado jamás! ¡Qué contento dormirás con algún ángel al lado!
Feliciano	¿Ángel? ¡O qué majadero! ¿Díceslo por Dorotea?
Galindo	No digo yo que ella sea.
Feliciano	¿Pues quién?
Galindo	Declararme quiero: el que cena y duerme bien, ángeles suele soñar.
Feliciano	Aquí hay gente.
Galindo	Aquí hay lugar de tomar la calle; ven.
Feliciano	¿Irme tengo?
Galindo	¿Por qué no? ¿Es fuerza el ir por allí, si hay treinta calles aquí?
Feliciano	¿Quién va allá?
Leonarda	Yo.
Feliciano	¿Quién es yo?
Leonarda (Aparte.)	(Un hombre y una mujer,

pudiera decir mejor.)

Feliciano	¿Qué quiere aquí?
Galindo	¡Qué rigor que muestras! Habla a placer.
Leonarda	¿Téngoos de dar cuenta a vos de lo que en la calle quiero?
Feliciano	Sí, porque lo que yo espero no nos impida a los dos.
Leonarda	No podéis vos esperar lo que yo.
Feliciano	¿Por qué razón?
Leonarda	Porque es libre mi afición, que la puedo yo pagar; y aguardo a que de allá salga un Feliciano que entró, porque he de entrar luego yo.
Galindo	¡Muy bien, así Dios me valga! Mas, ¿qué? ¿Es ésta Dorotea?
Leonarda	La misma, y la que a Ricardo, un cierto alférez gallardo, que agora en Madrid pasea, da lo que a los otros quita, y agora espera quitar a cierto hombre del lugar que estas calles solicita

	y está recién heredado;
	que jura ha de pescarle
	cuanto pudiere pelarle
	para este galán soldado.
Galindo	¿Tiene hermano esta mujer?
Leonarda	Es flor eso del hermano.
Galindo	¿Qué te dice, Feliciano?
Feliciano	Que no lo puedo creer.
Galindo	Pues lo que los ojos ven,
	con los dedos se adivina.
(Grita dentro.)	
Feliciano	Grita suena en la cocina.
Galindo	¡Y cómo cenan muy bien!
	¡Que ésta nos tenga al olor!
	¿Hay tan gran mentecatía?
Feliciano	Aguardar tengo hasta el día.
Galindo	Vámonos de aquí, señor.
	¡Oh, bellaca desmayada!
	¿Quién se la vio tan fingida,
	más lacia y carilamida
	que gata recién lavada?
	¿Quién la vio tras el ratón,
	y a ti en su engaño embebido?

(Habla Galindo fisgando.)

«Bebe más. —Harto he bebido.»
«Confórtame el corazón;
  dime palabras suaves.»

Feliciano   Aún hay, Galindo, más mal.

Galindo   Bastará que sea igual.
¿Mas mal dices?

Feliciano   ¿No le sabes?
  Los cien doblones le di.

Galindo   ¿Los de a cuatro?

Feliciano   Los contados,
en el escritorio hallados,
que aquesta mañana abrí.

Galindo   ¿Qué me cuentas?

Feliciano   Ya no cuento,
pues ella los cuenta allá.

Galindo   ¿Quién eso a una mujer da?
¿A qué cuenta los asiento?

Feliciano   A la de Amor.

Galindo   ¡Buen fiador!
Cobrar tengo este dinero.

Feliciano   Tente Galindo, no quiero.

Galindo	¿Por qué?
Feliciano	Porque tengo amor.
Galindo	¡Pesar del Amor, amén! Llama y di si ha de salir, o si nos habemos de ir.
Feliciano	Bien dices.
Galindo	Tú no haces bien.
Feliciano	¡A de casa!
Galindo (Grita.)	No responden. ¡Ah, de arriba!... Están cenando. Lo que yo estuve comprando, entre espalda y pecho esconden. ¡Ha, pesar del moscatel, que aquesto puede sufrir!
Feliciano	Yo haré que vengan a abrir.
Galindo	Pasito, menos cruel; oye un consejo.
Feliciano	¿Cuál es?
Galindo	Tú tienes lindo dinero; no aventures con un fiero lo que es de más interés. Busquemos bravos, y ven a esta casa y, sin recelo

	de tu vida, da en el suelo
	con cuantos en ella estén.
Feliciano	Bien dices. Vamos de aquí.

(Vanse Feliciano y Galindo.)

Leonarda	Ya se fue; contenta quedo,
	que tengo a su vida miedo,
	que es alma que vive en mí.
	Gente sale de la casa.

(Sale Ricardo con la espada desnuda.)

Ricardo	¿Quién llama con tal furor?
Leonarda	Yo soy un hombre, señor
	que por esta calle pasa.
	Los que llamaron se han ido.
Ricardo	Vos sois, y seáis cualquiera,
	es mal hecho; sacad fuera
	la espada.
Leonarda	¿Qué oigáis os pido;
	advertid que yo no soy...?
Ricardo	Pues ¿quién sois?
Leonarda	Una mujer
	que aquí un galán vine a ver
	de quien hoy celosa estoy.

(Salen Clara y Dorotea.)

Dorotea	Tenle, Clara, que estoy muerta
como una espada se nombre.
Clara	Hablando está con un hombre
enfrente de nuestra puerta.
Leonarda	Temo que, si me halla ansí,
con el enojo me dañe.
Ricardo	¿Queréis que yo os acompañe?
Leonarda	Sí.
Ricardo	Pues echad por aquí.

(Vanse Ricardo y Leonarda.)

Clara	Sin duda, señora, van
desafiados al Prado;
por un fanfarrón soldado
pierdes un rico galán.
¿Qué has de hacer?
Dorotea	Estoy turbada.
Clara	Cuatro hombres vienen aquí.

(Salen Feliciano, Fulgencio, Fabricio y Galindo.)

Feliciano	Luego a los dos conocí.
Fulgencio	¿Y qué es la cuestión?

Feliciano	No es nada. Aquí, en cas de Dorotea, cierto fanfarrón soldado pienso que esta acompañado y que su respeto sea...
Fabricio	No pienso que piensas mal.
Galindo	Quedo; la puerta está abierta.
Fulgencio	Dorotea está a la puerta. ¿Qué gente?
Dorotea	Cierra el portal.
Feliciano	No cierres.
Dorotea	¿Quién es?
Feliciano	Yo soy.
Dorotea	¿Es, por dicha, Feliciano?
Feliciano	¿Está en casa aquel tu hermano?
Dorotea	Ya es ido; al diablo le doy. Entra y cenarás, mi bien.
Feliciano	Señores, todos entrad, que se ha vuelto en amistad lo que imaginé desdén.
Fulgencio	¿Habrá para todos?

Dorotea	Sí.
Feliciano	¿Ves cómo te has engañado?
Galindo	¡Oh, hermano, el más mal cenado de cuantos hermanos vi!

(Vanse Feliciano, Fulgencio, Fabricio y Galindo.)

Clara	¿Qué haré si vuelve Ricardo?
Dorotea	Hazte sorda, porque vea que soy yo...
Clara	¿Quién?
Dorotea	Dorotea, que a ninguno el rostro guardo. Aguarde hasta la mañana y quiébrese la cabeza, porque en teniendo firmeza se pierde una cortesana. Déjame pescar aquí donde pican estos peces, y ande el interés a veces ya que Amor lo quiere ansí; y en dar a Ricardo celos yo sé que discreta he sido, que importa a un amor dormido irle poniendo desvelos.
Clara	Bien haces, que este mancebo es liberal y heredado; dale cuerda, que ha llegado

       como pez simple a tu cebo;
          déjale que entre en las redes
a este pájaro inocente;
que si Ricardo lo siente,
picar a Ricardo puedes.
    Nunca trata el mercader
solo un género, que quiere
ganar, si en aquél perdiere;
y así ha de hacer la mujer.
    Entra y comienza a pelalle.

Dorotea	Hasta en los cañones verle.
Clara	¿Y luego?
Dorotea	Entonces ponerle de paticas en la calle.

Fin de la primera jornada

Jornada segunda

(Salen Ricardo y Fulgencio.)

Ricardo
    Tengo de conocerle gran deseo,
aunque él me tiene a mí por enemigo.

Fulgencio
    No tiene el mundo un hombre, a lo que creo,
más digno de llamarse honrado amigo.

Ricardo
    Así lo dicen cuantos suyos veo.

Fulgencio
    Ninguno más de esa verdad testigo.
y me pesa que vos viváis tan fuera
de su amistad.

Ricardo
    ¡Por Dios, que la tuviera!
Mas ya sabéis, Fulgencio, que he tratado
esa mujer que Feliciano adora,
celos y enojos muchas veces dado,
que es lo que apartan la amistad agora.
El hombre que ama, al hombre que fue amado
siempre aborrece, y, receloso, ignora
si ha de volver aquél a verse un día
en el estado mismo que solía.
Fuera de eso, Fulgencio, hay otro enredo
que impide la amistad.

Fulgencio
    ¿De qué manera?

Ricardo
    Habrá tres meses —que deciros puedo
a vos este secreto, aunque lo fuera—
que vine aquí, llamado de Tancredo,
¡y que pluguiera a Dios que no viniera!

a cenar con la Circe, la Medea,
que llaman la discreta Dorotea.
　Era sin duda a costa, o mal lo entiendo,
de Feliciano el gasto, y en entrando
echáronle de casa, previniendo
la cena a que me estaban esperando;
Feliciano, por dicha, conociendo
su engaño, vuelve al puesto, y derribando
las puertas, a que salga con la espada
me obliga, casca y cena alborotada.
　Salgo y hallo no más de un hombre; quiero
reñir con él, y que es mujer me dice;
dejo la casa, cena y el acero
envaino, a que ninguno contradice.
Acompañarla voy, aunque primero
de que no era traición me satisfice;
llego a su casa y háblola en la puerta,
llena de amores y de celos muerta.
　¡No es menos de que adora en Feliciano
que está perdido aquí por Dorotea;
yo, viendo el traje, o de tocar su mano,
o por mi estrella, o lo que fuere sea,
así me pierdo, así me rindo, hermano,
que no hay Sol para mí, no hay luz que vea
mientras estoy ausente de su vista.

Fulgencio	¡Suceso extraño! Y ¿qué hay de la conquista?
Ricardo	Que me aborrece al paso que la adoro.
Fulgencio	¿Y cómo lo ha llevado Dorotea?
Ricardo	Queriendo bien ese mancebo de oro, en quien agora su codicia emplea.

Fulgencio	Pues no lo dudes que le da un tesoro
	y la adora de suerte que desea
	dorar cuanto ella toque, como Midas;
	oro comen y de oro van vestidas,
	en oro duermen, y oro, finalmente,
	pienso que son los gustos y favores.
Ricardo	¡Pobre mancebo, rico e inocente,
	pájaro simple entre esos dos azores!
Fulgencio	Es recién heredado; no lo siente.
Ricardo	¡Oh, Fulgencio! No hay género de amores
	más peligroso que una cortesana.
	Lo que ella corta, eternamente sana.
	¡Qué enredos tienen! ¡Qué palabras blandas!
	¡Qué afeites de traiciones! Todo es cebo.
	¡Qué baños odoríferos! ¡Qué holandas,
	mortaja vil de un moscatel mancebo!
	¡Pues verlas como imágenes en andas
	en el estrado rico, limpio y nuevo!
	Parecen las señoras más honestas;
	allí toman papeles, dan respuestas;
	llega el escritorillo la esclavina,
	el tintero de plata la criada
	tiene en la mano, hincada la rodilla;
	el paje está elevado, y todo es nada.
	¡Pues ver en la almohada la almohadilla,
	y no hacer más labor que en la almohada,
	para fingir ocupación! Es cosa
	insufrible en el mundo y vergonzosa.
	¿Qué dirás si se juntan a consejo
	sobre pelear un hombre mentecato?

       Celos, si es mozo; tierno amor, si es viejo;
       pedir la seda, el faldellín, el plato.
       ¡Si las vieses tocar al limpio espejo
       y quedar el bosquejo del retrato!
       ¡Mal año para mí, si tú las vieses,
       que tantos ascos de vinorre hicieses!
        No saca algún pintor tantas colores,
       ni más ungüentos saca un cirujano.
       Mira, ¡por Dios!, qué calidad de amores
       y lo que aquí desprecia Feliciano;
       no hay ramillete de diversas flores
       del alba pura en la divina mano
       como el cuerpo y el rostro de Leonarda,
       discreta, hermosa, principal, gallarda.

Fulgencio   Es mozo, y va siguiendo su apetito,
       que a cada cual le rige su deseo;
       su amigo soy, su gusto solo imito.

Ricardo   ¿En qué entiende, en faltando de este empleo?

Fulgencio   De la suerte que en número infinito
       al panal de la miel acudir veo
       las importunas moscas el verano,
       así mozos agora a Feliciano.
        Todos andan con él, todos le siguen,
       acompáñanle todos noche y día,
       juégase en casa, y tantos le persiguen
       que en verlos te dará melancolía;
       gusta que a dar o que a emprestar le obliguen
       con liberalidad y cortesía,
       porque es de suerte liberal y franco
       que, al paso, presto ha de quedarse en blanco.

Ricardo	¿Qué es tan gran gastador?
Fulgencio	Pródiga cosa, y amigo de hacer gusto por el cabo. Ésta es su casa; entrad.
Ricardo	¡Qué sala hermosa!
Fulgencio	La casa es buena, y la pintura alabo.
Ricardo	Esta Lucrecia es singular.
Fulgencio	¡Famosa!
Ricardo	¡Bueno, tras la cortina, está el esclavo!
Fulgencio	De Urbina es la invención.
Ricardo	¡Era excelente! ¡Bueno es aquel Adonis que está enfrente! ¡Lindas telas son éstas!
Fulgencio	¡Extremadas!
Ricardo	¡Qué buenos escritores y bufetes! ¿Hay camas ricas?
Fulgencio	Camas hay bordadas.
Ricardo	Espantosas grandezas me prometes.
Fulgencio	¡Qué es ver aquestas salas ocupadas de músicos, de damas, de alcagüetes, de jugadores, bravos y de ociosos,

                        y aun de pobres que llaman vergonzosos!

Ricardo   Acuden al dinero.

Fulgencio   ¡Oh, gran dinero!

Ricardo   No dudes que el dinero es todo, en todo
                        es príncipe, es hidalgo, es caballero,
                        es alta sangre, es descendiente godo.

Fulgencio   Él sale; no te vayas.

Ricardo   Aquí espero,
                        por solo ver de este mancebo el modo.

Fulgencio   Haz cuenta que otro pródigo estás viendo.

Ricardo   ¿Cantan?

Fulgencio   ¿No miras que se está vistiendo?

(Entren Feliciano, vistiéndose a un espejo que traerá un Paje, y otro la espada y la capa; Galindo, con una escobilla limpiando el sombrero. Dos músicos cantando, mientras se compone el cuello.)

Músicos   «Pidiéronle colación
                        unas damas a Belardo,
                        paseándose en Sevilla
                        entre unos verdes naranjos.»

Feliciano   Esperad, por vida mía.

Músico   Ya lo que quieres aguardo.

Feliciano	¿Qué? ¿Vive aquese Belardo?
Músicos	Aún es vivo.
Feliciano	¿Todavía?
Músicos	Si das licencia que cante, sabrás su estado mejor.
Feliciano	¿Qué? ¿Ése es vivo?
Músicos	Sí, señor.
Feliciano	Cantad, pasad adelante.
(Cantan.)	
Músicos	«El que a unos ojos azules estaba haciendo un retrato, que aunque no era desafío, los sacó en el alma al campo.»
Feliciano	Oíd, pues ¿cómo sería que amores pena le den? ¿Aún quiere Belardo bien?
Músicos	Dicen que sí.
Feliciano	¿Todavía? Tanto en él vienen y van, desde que yo me crié que muchas veces pensé que era del tiempo de Adán.

Músicos	Lo que ha escrito da ocasión
a juzgar de esa manera.
Galindo	Quedo, que hay gente de fuera.
Feliciano	¿Gente de fuera? ¿Quién son?
Fulgencio	Yo soy, y conmigo viene
un hombre que ha deseado
ser tu amigo, y tan honrado
que estos pensamientos tiene.
Feliciano	¿Quién?
Fulgencio	El alférez Ricardo.
Feliciano (Aparte.)	Seáis, señor, bien venido.
(¡Jesús!)
Ricardo	Las manos os pido.
Feliciano	Y yo esos brazos aguardo.
¿Qué aquesta casa os merece?
¿Es posible que la honráis?
Ricardo	¡Vos a todos nos la dais!
Fulgencio	A ser muy vuestro se ofrece;
que aquellos cuentos pasados
ya pasaron, en efeto.
Feliciano	No tratéis, pues sois discreto,
eso entre amigos honrados;
el señor alférez tiene

	un gran servidor en mí.
Ricardo	Si de vos siempre lo fui diga el que conmigo viene, pues le busqué por padrino.
Feliciano	Traed sillas.
Ricardo	Eso no, mientras os vestís, que yo soy muy vuestro y soy vecino.
Feliciano	¿Vivís cerca?
Ricardo	Aquí, a la vuelta; bien me podré entretener con lo que hay aquí que ver.
Feliciano	Está todo de revuelta.
Ricardo	Estas divinas pinturas me han por extremo alegrado, que les soy aficionado, y hay mil gallardas figuras.
Feliciano	¿Qué os agrada?
Ricardo	Esta Lucrecia y este Adonis.
Feliciano	Vuestros son, que yo buscaba ocasión de echar de casa esta necia.

Ricardo	No los alabé por eso, mas por ser de buena mano.
Feliciano	En buena mano le gano al pintor.
Ricardo	Yo os lo confieso, que él los pintó de mil veces, y vos en una los dais; de lo que le aventajáis los presentes son jueces; mas no los quitéis, por Dios, que las telas que hay aquí se podrán quejar de mí.
Feliciano	Pues quéjense de los dos y lleven también las telas.
Ricardo	¿Las telas? No lo mandéis.
Feliciano	Esta vez perdonaréis; quítalas tú.
Galindo	Quitarélas.
Ricardo	¡Jesús, las telas también! Mirad que no tengo yo donde quepan.
Feliciano	¿Por qué no, si en los ojos caben bien? Ya menos caben aquí, que, en ser vuestras, son ajenas.

Ricardo	Beso aquesas manos llenas de grandeza.
Feliciano	No hay en mí sino solo el buen deseo.
Ricardo	¿Es loco este hombre?
Fulgencio	No sé. No estima en más lo que ve que yo aquello que no veo.

(Sale Fabricio.)

Fabricio	¿Está aquí el buen Feliciano?
Feliciano	Aquí estoy, Fabricio amigo.
Fabricio	Oye aparte. Es Dios testigo que vengo perdido, hermano. Llevan a mi padre agora preso, por dos mil reales. Si tú al remedio no sales de un hijo que un padre adora, y sobre aquesta cadena...
Feliciano	Quedo, no me digas más. ¿Prendas a mis prendas das? ¡Por Dios, que la prenda es buena!
Fabricio	Pues ¿no es bastante piedad dar sobre prenda el dinero?
Feliciano	Al amigo, al compañero

	con quien profeso amistad, 　¿en qué le sirvo si doy oro sobre oro?
Fabricio	No digas que en dármelo, no me obligas; tómala, y tú esclavo soy.
Feliciano	El dármela te condena, aunque el buen término alabo, pues que te llamas mi esclavo y te quitas la cadena. 　Ten la cadena, Fabricio, en muestra de obligación, pues que las cadenas son de los esclavos indicio.
Fabricio	Tendréla para mostrar que es tuya y que tuyo soy, pues el oro en que la doy es yerro que puede atar. 　Vivas mil años, y advierte que me acordaré de ti mientras vive el alma en mí, y ella, después de mi muerte.
Feliciano	Galindo.
Galindo	¿Señor?
Feliciano	Da luego dos mil reales a Fabricio.
Fabricio	¿Qué dices?

Feliciano   Éste es mi oficio;
no repliques.

Galindo   ¿Estás ciego?

Feliciano   Camina.

Galindo   Vente conmigo.
¡Con buen pie nos levantamos!

(Vanse Galindo y Fabricio.)

Feliciano   ¿Adónde queréis que vamos?

Ricardo   Dondequiera iré contigo,
aunque donde sabes sea.

Feliciano   ¿Darásme celos?

Ricardo   Ya no,
que ya sé que me perdió,
por ganarte Dorotea.

Feliciano   ¿Quiéresla bien?

Ricardo   No te osara
decir que la quiero bien,
aunque a su hermoso desdén
la voluntad inclinara,
   con temor que me la dieras,
como Alejandro a su amiga,
si tal grandeza te obliga,
que ser Alejandro esperas.

Feliciano	Perdone Alejandro en eso; no puede ser que yo sea liberal con Dorotea. Ser inferior le confieso; piérdome cuando imagino que Alejandro se la dio; mas pienso que le cegó ser tan inclinado al vino.
Ricardo	De eso le culpan historias.
Feliciano	Si la dio fuera de sí, yo no, porque estoy en mí y no quiero infames glorias. ¿Cómo no viene, Fulgencio, Tancredo, como solía que está nuestra compañía sin su presencia en silencio?
Fulgencio	¿Pues eso dices? ¿No sabes que está preso?
Feliciano	¡No, por Dios! Habrá más de un mes que dos mancebos bravos y graves le acuchillaron muy bien; defendióse, al uno hirió; prendiéronle y concertó la herida; aguarda que den a su tío unos dineros, y por esto se está allí.
Feliciano	Agravio me han echo a mí,

	que fuera de los primeros
	que a servirle hubieran ido,
	que le soy aficionado.
	La herida ¿qué le ha costado?
Fulgencio	Cien escudos le han pedido.
Feliciano	Vamos a misa, y de allí
	por la cárcel entraremos
	y a comer nos le traeremos.
	¿Queréis vos ir?
Ricardo	Señor, sí.
Feliciano	Pues hoy comeremos todos
	en regocijo del preso;
	no lo estuviera por eso
	siendo tan fáciles modos
	para darle libertad;
	cierto que siento el agravio.
(Sale un Criado.)	
Criado	Aquí está un paje de Otavio.
Feliciano	Lo que quiere preguntad.
Criado	Aquel caballo de ayer.
Feliciano	Si le pide cada día,
	parece descortesía
	no ver que le ha menester;
	di que un lacayo le lleve
	y se le dé de mi parte.

(Vase el Criado.)

Ricardo   No siento cómo alabarte,
puesto que mil veces pruebe.

Feliciano   Teniéndome por amigo,
que es la mayor alabanza;
que quien amigos alcanza,
tiene todo el bien que digo.
De todos procuro el gusto,
que hacer bien, nunca se pierde.

Músicos   ¿No dices que se le acuerde
del vestido?

Feliciano   Y es muy justo;
da, Galindo dos vestidos
de color a estos galanes.

(Vanse Feliciano, Fulgencio y Ricardo.)

Galindo   ¡Qué gentiles gavilanes!
¡Y qué ejemplo de perdidos!
¡Pobre seso y pobre hacienda...

Músicos   ¡A, seó Galindo famoso,
camarero generoso!

Galindo   ...de este caballo sin rienda.

Músicos   De este príncipe, dirá;
¿cómo no nos manda nada
pues la guitarra y la espada

| | toda a su servicio está?
| | ¿No hay alguna a quien nos lleve
| | de noche a cantar?

Galindo   Quisiera
cantar a cierta platera,
más de carbón que de nieve;
  pero no sé si tenéis
letras que toquen historia.

Músicos   ¡Historia!... ¿Qué más notoria,
si de ellas gusto tenéis,
  que aquésta del condestable?
Dieciséis romances sé.

Galindo   Dadlo al diablo, que no fue
la de Orlando tan notable.
  ¿Qué piensan estos poetas
pues, que no hay semana alguna
sin don Álvaro de Luna
y otros cuarenta planetas?
  Romances de tres en tres
a un enfadoso sujeto;
mas, como es Luna, en efeto,
sale nueva cada mes.
  Yo querría...

Músicos   ¿Qué? ¿Canciones,
liras, sonetos, sestinas...?

Galindo   Más calabazas y endrinas,
guindas, peras y melones;
  aquello de ir a Tampico
antes que te vuelvas mona.

Músicos	Ya lo entiendo: la chacona.
Galindo	Eso, por Dios, le suplico; y encajen también allí cómo se va poco a poco al hospital este loco de mi amo.
Músicos	¿Cómo ansí?
Galindo	Dando y haciendo mercedes a damas, bravos, galanes, y vestidos a truhanes, perdonen vuesas mercedes; vengan y tengan paciencia, que muy presto querrá Dios que nos quedemos los dos a la Luna de Valencia.

(Vanse y entren Faustino, viejo, y Leonarda con manto y Escudero.)

Faustino	Aunque te encuentre en la calle, te he de hablar. ¡Dios te bendiga! que aun sin conocerte, obliga tu gracia, donaire y talle. ¿Dónde bueno por aquí, sobrina?
Leonarda	De misa vengo.
Faustino	Iré contigo, que tengo que hablarte.

Leonarda	¿Qué hablarme?
Faustino	Sí.
Leonarda	¿Sobre qué, por vida mía?
Faustino	Allá en casa lo sabrás.
Leonarda	A las mujeres jamás les digas: «Esto querría». 　Muero por saber lo que es. No llegaré a casa viva.
Faustino	Yo quiero hacerte cautiva; lo demás sabrás después.
Leonarda	Sin duda que es casamiento.
Faustino	Un caballero te pide.
Leonarda	Haz cuenta, señor, que mide las alas del pensamiento.
Faustino	Es muy rico y gentilhombre.
Leonarda	Bastaba ser de tu mano. ¿Es acaso Feliciano?
Faustino	¿Cómo? No conozco ese hombre.
Leonarda	Un mozo que ha pocos días que heredó.
Faustino	Ya sé quién es.

             ¡Jesús, Leonarda, no des
             en tan locas fantasías!
                Ése es un mozo perdido,
             fábula de este lugar;
             todo rameras, gastar,
             jugar y vestir lucido.
                Allá es la conversación,
             allá las fiestas y cenas,
             allá de vidas ajenas
             la injusta murmuración;
                allá verás el mozuelo,
             que tiene bien que mirar
             en su casa, murmurar
             de las estrellas del cielo.
                Es de salientes sagrado,
             es de amantes un asilo.

Leonarda   ¿Qué tiene tan mal estilo?

Faustino   ¡Ay de aquel su padre honrado,
                que ganó tan poco a poco
             esta hacienda que él despende!
             Como el trabajo no entiende,
             despréciala como loco.

Leonarda   ¡Ay de mí!, que aunque os encubro,
             tío, mi pena y dolor,
             fíada en sangre y amor,
             hoy hasta el alma os descubro.
                Sabed que en conversación
             ese mozo se ha alabado
             de que a Leonarda ha gozado,
             y que por esta razón
                nadie será mi marido

	sino es que él mismo lo es.
Faustino	¡Cómo! ¿Eso pasa, después
que anda este loco perdido?
¡Vive Dios, que aunque la espada,
aunque en causa tan decente
como es tu honra, sustente
apenas la mano helada,
que le tengo de buscar
y decirle que has de ser,
a su pesar, su mujer!
Leonarda	Oye.
Faustino	No te acierto a hablar.

(Vase Faustino.)

| Leonardo | Señor..., ya se fue... Eso quiero,
y que mis deudos, airados,
le obliguen a los cuidados
con que me engañó primero.
　Darle tengo en cuanto pueda
pesadumbre, que mi honor
da voces, y dice Amor
que más agraviado queda.
　¡Triste de mí, que aquí viene!
Quiero taparme. |
|---|---|

(Salen Feliciano, Fulgencio y Tancredo y Ricardo.)

| Tancredo | No sé
con qué pagaros podré,
si el alma caudal no tiene; |
|---|---|

        y así, en el que agora muestra,
podrá decir con razón
que yo salgo de prisión
y que ella ha entrado en la vuestra,
        porque aquellos grillos ya
pasan de los pies a ella,
porque obligarla es prendella
en cárcel que no se irá.

Feliciano
        Tancredo, mayor ventura
es el dar que el recibir,
y así puedo yo decir
que es mi obligación segura.
        Debo al cielo, que me dio
con qué poderos librar,
y a vos la causa del dar,
pues de esta virtud me honró.
        No tratéis de esto jamás,
que ser el preso os confieso,
porque aquél está más preso
que dio poco a quien es más.

Fulgencio
        No será aquí mal montante
esta dama, por mi vida.

Feliciano
¡Buena presencia!

Tancredo
        ¡Escogida!

Ricardo
Quedo, que hay puente y gigante.

Tancredo
        No temas al escudero,
que es un caduco.

Feliciano	Allá voy. ¡Buen talle, a fe de quien soy! ¡Bueno, a fe de caballero!
Leonarda	Bueno o malo, así le agrada a su duelo.
Feliciano	Si lo fuera, estoy por decir que diera... pero todo el mundo es nada.
Leonarda	¿Así, sois vos aquel hombre que pintan muy liberal?
Feliciano	Liberal en ser leal a quien merece este nombre.
Leonarda	Vos os empleáis muy bien, sino que os pagan muy mal, y para quien es leal la deslealtad no está bien. Huélgome de conoceros. ¡Ay, talle mal empleado en mujer que la han comprado tantos con pocos dineros!
Feliciano	Pesada sois, por mi vida, y algo satírica estáis; mal de mujeres habláis, siéndolo.
Leonarda	Estoy ofendida de que a tal mujer os deis, que estoy contenta de vos.

Feliciano	Queredme vos y, por Dios, que de ese error me saquéis.
Leonarda	No lo creáis, que han probado otros de mucho valor; pero un deshonesto amor vence a todo amor honrado. Los hombres apetecéis tiros, traiciones desvelos, mentiras, cuentos y celos, que es la leña con que ardéis. Yo sé de cierta Leonarda que está muriendo por vos...
Feliciano	No me la mentéis, por Dios, ¡mal fuego la encienda y arda, que es la cosa más pesada que en mi vida conocí!
Leonarda	¿Qué tiene malo?
Feliciano	Que a mí en todo me desagrada.
Leonarda	¿Es muy fea?
Feliciano	No es muy fea.
Leonarda	¿Es necia?
Feliciano	Discreta es.

(Entren tapadas en sus mantas Dorotea y Clara.)

Clara	¿Es él?
Dorotea	El mismo que ves.
Clara	Cúbrete bien, Dorotea.
Dorotea	Con una mujer está.
Clara	¡Buen talle! ¿Quién puede ser?
Ricardo	Aquí viene otra mujer.
Fulgencio	Tras Feliciano vendrá. Todas siguen su dinero.
Ricardo	Son mosquitos de ese vino.
Dorotea	Ya con celos desatino.
Clara	Espera y calla.
Dorotea	Ya espero.
Leonarda	¿Por qué no amáis a Leonarda, si esas partes confesáis?
Feliciano	Mucho de su parte estáis.
Leonarda	Vos me decís que es gallarda.
Feliciano	Porque pide casamiento, que es capítulo terrible.

Leonarda	¿Eso os parece imposible, / si tiene merecimiento?
Dorotea	No me mandes esperar; / llamar quiero, ¡ah, caballero!
Feliciano	¿Llamáisme a mí?
Dorotea	A vos, que os quiero / en cierto negocio hablar.
Leonarda	Si son celos, por mi vida, / que de mí no los tengáis.
Dorotea	Celos no, aunque vos podáis / dar celos y ser querida.
Leonarda	Pues decid lo que queréis.
Dorotea	¿Aquí, delante de vos?
Leonarda	¿Por qué no?
Dorotea	¡Bueno, por Dios! / ¿Luego vos celos tenéis?
Leonarda	Si vos los tenéis de mí, / ¿no es bien que de vos los tenga?
Fulgencio	¡Hay tal cosa! ¡Que esto venga / a pasar aquí por ti!
Leonarda	Cuando aqueste galán fuera / muy mío, estad vos segura

  qué temiendo mi ventura,
luego al momento os le diera.
   Soy cobarde para ser
celosa de lo que quiero;
a solas suspiro y muero,
nunca lo doy a entender.
   Hay damas de lo fingido,
de estas que vendibles son,
que hacen grande ostentación;
todo su amor es ruido.
   Soy mujer de otra labor;
no pido en público celos,
porque me han dado los cielos
cientas cuartanas de honor.
   ¿Ese hombre es vuestro galán?

Dorotea No, sino vuestro, y es justo,
pues le hallé con vuestro gusto,
y sin él todas se van;
   parado estaba con vos,
hágaos, dama, buen provecho,
que de lo visto sospecho
que no os queréis mal los dos.

Feliciano   Quedo, señoras, quedito.
No peloteen el hombre,
que haré que alguna se asombre
si la máscara me quito.
   Una me saca, otra vuelve;
ténganse, que harán mil faltas
si a jugar pelotas altas
celos y amor se resuelve.
   Digan de quién he de ser
y no me arrojen aquí.

Dorotea	Ya os digo que os vais allí, que yo no os he menester.
Feliciano	¿No las veremos las caras? Quizá son algunas viejas que en la edad corren parejas.
Dorotea	Sí soy; la edad mido a varas. ¡Vaya por su vida allí!
Leonarda	¡Ea! No sea melindrosa; quizá será alguna diosa de estas de guademecí. ¿Cuánto va que tiene alcoba con paramento delante, vieja y caballero andante?
Dorotea	¿Quién se lo dijo a la boba?
Leonarda	El talle y modo de hablar, con el manto a lo bellaco.
Dorotea	¡Oiga, que desata el saco la señora del pajar!
Leonarda	Pues, marquesa de San Sueña, ¿no puedo hablar siendo honrada?
Dorotea	Si era la saya alquilada, ¿por qué no alquiló una dueña? Váyase, por vida mía, con este galán de alcorza, y tome en casa el alforza

	dos dedos por cortesía.
Leonarda	Esta saya se cortó
para quien puesta la tiene;
si larga o si corta viene,
no tengo la culpa yo.
Ésa suya, podrá ser
se la diese algún galán
de los que en el coro están.
Dorotea	¡A placer, ninfa, a placer!
Leonarda	¿Cómo ninfa? De esa duda
quiero que salga también;
antes le vendrá más bien,
si vive, de andar desnuda.

(Descúbrese Dorotea.)

| Dorotea | Yo soy honrada mujer
y dondequiera que sea
puedo... |
|---|---|
| Feliciano | ¡Jesús! Dorotea,
¿qué es esto? |
| Dorotea | ¿Qué puede ser?
    Tus damas, tus necios gustos
que traes, porque a tus ojos
me den iguales enojos. |
| Feliciano | ¿Yo soy parte en tus disgustos?
    Dios me quite aquí la vida
si sé quién es la mujer... |

(Descúbrase Leonarda.)

Leonarda
Si lo pudieras saber,
fuera de ti conocida,
   y, siéndolo, me estimaras.
Leonarda soy. ¿Qué te admiras,
si no es que cuando me miras
en mis méritos reparas?
   Yo soy a quien tanto debes,
y mujer que no hallarás
quien te diga que jamás...

Feliciano
¿Cómo, aquí los labios mueves?

Leonarda
   ¿Por qué no, con honra tanta?
¿Hay alguno acaso aquí
que pueda decir de mí
lo que de ésa que te encanta?
   ¿Dónde estarás que no tengas
al lado un competidor
cuando a tratar de tu honor
entre tus amigos vengas?
   Vuelve y mira, que Ricardo,
aun de los que están aquí,
se está burlando de ti.

Feliciano
¡Esto te sufro! ¡Esto aguardo!
   ¡Vete, infame, donde calles!

(Dela un bofetón.)

Ricardo
Quedo, no tienes razón.

Leonarda	¿En mi rostro un bofetón,
	y en las más públicas calles?
	¡Esto sufre la justicia!
	¡Esto el cielo!
Feliciano	Aquesta daga
	haré yo que lugar haga
	a tu alma y tu malicia.
Ricardo	¡Tente, acaba, que estás loco!
Fulgencio	¿Qué es aquesto, Feliciano?
Dorotea	¡Tenelde, por Dios, la mano!
Leonarda	Para mi amor todo es poco.
	¡Dejalde! ¡Acábeme ya!
	¿Qué mayor ventura y suerte
	que ver que me da la muerte
	el que la vida me da?
	Dichoso rostro, pues gano,
	ya que yo su esclava fuese,
	que los hierros me pusiese,
	del que es mi dueño la mano.
	¿Cómo podré yo negar
	que de Feliciano soy,
	pues a de su mano estoy
	herrada en tan buen lugar?
	Señores, no le culpéis,
	que yo he dado la ocasión;
	a todos pido perdón,
	suplícoos me perdonéis.

(Cúbrase. Vase Leonarda.)

Ricardo
¡Si otro su rostro ofendiera,
con la daga o con la mano,
que no fuera Feliciano,
aquí un desatino hiciera!
  Voyla a acompañar, y quiero
que en tu vida me hables más.

Feliciano
Ricardo, ¡Ricardo!

Ricardo
    Estás
ciego y loco; allá te espero.

(Vase Ricardo.)

Feliciano
  Basta, que se va enojado.
Todo por servirte ha sido.

Dorotea
Más porque tu amor fingido
con esto se ha declarado.
  Pues tratas otra mujer
y engáñasme de esa suerte,
en mi vida pienso verte,
ni en tu vida me has de ver.

Feliciano
  Oye, escucha, Dorotea,
mira que ha un año más...

Dorotea
Déjame.

Feliciano
¿Dónde te vas?

Dorotea
Donde ninguno me vea.

(Vase Dorotea.)

Feliciano ¡Ah, Clara, tenla, por Dios!

Clara ¿Qué la tengo de tener,
si tienes esa mujer
y andas engañando a dos?

(Vase Clara.)

Feliciano Fuese.

Fulgencio No te espantes de eso,
que es mujer y esta celosa.

Tancredo Tiene razón, que es hermosa
Leonarda.

Feliciano Yo pierdo el seso,
que a ninguna conocí.

(Sale Galindo.)

Galindo En el escritorio están
Fabio, Triburcio y don Juan.

Feliciano ¿Pues qué esperan?

Galindo Solo a ti,
que la palabra les diste
de hacer aquella fianza,
y están con la confianza
de que tú lo prometiste.

Feliciano	¡Fiar en diez mil ducados, vive Dios, que es grave cosa! Mas también es vergonzosa dejar tres hombres burlados. Todos tres son mis amigos. ¿Pues los amigos qué son? ¿No más de conversación, ser de los gustos testigos, comer, cenar, murmurar, y en llegando el menester, acordarse del placer y huir el rostro al pesar? Fiarlos tengo; camina.
Fulgencio	Contigo iremos los dos.
Galindo	¡Loco es este hombre, por Dios!
Tancredo	Su buena sangre le inclina a ser amigo de veras, a profesar amistad. ¿Qué quieres? Trata verdad...
Galindo	¡Quita allá, que son quimeras en siglo tan estragado se mete a ser buen amigo!
Tancredo	Del bien que ha usado conmigo estoy, Galindo, obligado.
Galindo	En esta edad es discreto el que más otro engaña, el que vende, el que enmaraña, el que no guarda secreto;

           el cambiador, el logrero,
    el que hace la mohatra,
    el que el dinero idolatra,
    el chismoso, el chocarrero,
           el soplón, falso testigo,
    el que murmura de todo,
    el que habla a un mismo modo
    al amigo y enemigo,
           el que espera en una esquina
    al que habla la mujer
    y para hacerle prender
    como otro Judas camina;
           el que envidiando los buenos,
    todo es envidia y mentira;
    el que sus vicios no mira
    y murmura los ajenos.
           Y así tengo para mí
    que se pierde Feliciano,
    que la llave de la mano
    no se puso en balde allí.
           Llamarla llave es decir
    que la mano esté con llave;
    cuando el dinero se acabe,
    ¿qué ha de hacer?,
    ¿dónde ha de ir?

Tancredo   Los amigos que ha ganado
           le darán favor.

Galindo   ¿Favor?
           ¡Plega a Dios!

Tancredo   Deja el temor.

Galindo	Temo este reloj errado, que así llamaba un discreto al siglo.
Tancredo	Ven por aquí.
Galindo	Quien ama, teme.
Tancredo	Es ansí, porque es del Amor efeto.

(Salen Leonarda y Ricardo.)

Ricardo	Digo que si vos queréis, esta noche os le doy muerto.
Leonarda	Aunque es vuestro valor cierto y tal opinión tenéis, os suplico lo contrario.
Ricardo	Si lo negáis por temor del daño del vuestro honor, no es conmigo necesario. ¡Vive Dios, que ha de morir al umbral de Dorotea, sin que parte el mundo sea para poderlo impedir!
Leonarda	Si entendéis, señor Ricardo, que adoro en este mancebo, no dudéis que no lo apruebo, porque en mi honor me acobardo. Sin duda le quiero bien, y quiérole bien de suerte

	que solo pensar su muerte
	no hay más muerte que me den.
Ricardo	Pues bástame esa razón
	para quitarle la vida,
	siendo vos de mí querida
	cuanto esos méritos son;
	que quitándole delante
	y viendo que os obligué,
	si no mi talle, mi fe
	os dará ocasión bastante;
	que el bofetón que él os dio,
	no os le dio a vos, sino a mí,
	que puse el alma que os di
	en el lugar que agravió,
	y son las pruebas mejores
	que, dándoos el golpe a vos,
	vieron en mí más de dos
	la vergüenza y las colores.
	Si yo no os hubiera hablado,
	aún era la obligación
	de vengar el bofetón
	digna de un hidalgo honrado.
	Quedad, señora, con Dios,
	y esta noche me esperad
	con las nuevas.
Leonarda	Aguardad,
	que tengo que hablar con vos.
Ricardo	Estoy ya determinado;
	no hay que tratar.

(Vase Ricardo.)

Leonarda	Esto es hecho,
	que le ha de matar sospecho.
	¡Oh injusto, oh traidor soldado!
	¡Ay, mi bien, que está tu vida
	en gran peligro! ¿Qué haré?
	Pero yo le avisaré,
	por más que el honor lo impida,
	dondequiera que estuviera,
	porque un verdadero amar
	solo quiere conservar
	la vida de lo que quiere.

(Vase Leonarda. Salen Clara y Dorotea.)

Dorotea	¿Doblaste los mantos ya?
Clara	Ya, señora, los doblé.
	Triste estás.
Dorotea	Tengo por qué;
	nuestro pájaro se va.
Clara	Cuando se vaya, te quedan
	más de cuatro mil ducados,
	sin otros tantos gastados
	de las plumas que se enredan.
	Déjale, y vaya en buen hora,
	aunque si él ama la dama
	que hoy has visto, mucho infama
	su amor y su honor desdora.
Dorotea	¡Ay, Clara! Nunca los hombres
	la mano y la daga ofrecen

        a las cosas que aborrecen,
ni les dicen tales nombres.
    Sé yo toda la cartilla
de esta escuela de querer;
siempre el raso y la mujer
o se aprensa, o se acuchilla.
    Ya estará el buen Feliciano
poniendo con ansia loca
siete mil veces la boca
donde una puso la mano.
    ¡Qué le dirá de regalos!
¡Qué pedirá de perdones!
Que hay hombres muy regalones
después de unos buenos palos.
    ¡Pues qué contenta estará
la buena de la mujer!
Echábasele de ver,
porque le abonaba ya.

Clara	No me puedo persuadir que, afrentada, quiera bien.
Dorotea	Todas quieren que las den.
Clara	De comer y de vestir.
Dorotea	No sé lo que dicen, digo.
Clara	Allá dijo un bachiller que era animal la mujer que gustaba del castigo.
Dorotea	Paso, Clara, gente viene.

Clara ¡Por Dios, señora, que es él!

Dorotea Costaréle al moscatel.

Clara Mesúrate.

Dorotea Eso conviene.

(Salen Feliciano, Fulgencio, Tancredo y Galindo.)

Feliciano Estarás muy enojada.
 ¿No hablas? ¡Bueno, por Dios!

Galindo Más sesgas están las dos
 que una borrica embarcada.

Feliciano Alza los ojos del suelo;
 no des luz en cosa indina
 ni pongas al Sol cortina
 que dé venganza al del cielo;
 mira que estás obligada,
 y, que no es razón, celosa.

Dorotea Tiéneme muy vergonzosa
 la desvergüenza pasada.
 ¡Tú darme celos a mí,
 y fingir no conocerme
 para ver descomponerme!

Feliciano ¡Yo, mi bien! ¡Yo a ti!

Dorotea Tú a mí.
 Y después, porque yo viese
 que tenías muy sujeta

                    una mujer tan discreta,
                    si en no quererte lo fuese,
                       haciendo muy del rufián,
                    le das aquel bofetón.
                    ¿Tú te haces socarrón?
                    ¿Tú eres el tierno, el galán?
                       ¿Tú el llorón, tú el obediente?
                    No fío de vos la cara,
                    hermano, a la que repara
                    que yo soy algo insolente.
                       Vete con Dios, Feliciano,
                    sal de mi casa; no más
                    bofetón y celos das.
                    Pesada tienes la mano.

Feliciano   Tan pesada que compré,
                    de camino, para ti
                    la joya que traigo aquí
                    y que agora te daré.

Dorotea   ¡Jesús!, de gastos excusa.
                    No quiero nada, no, no.

Clara   Muestra, tomaréla yo.
                    ¿Qué es esto?

Feliciano   Lo que se usa,
                       un brinco con cien diamantes;
                    mil ducados me costó.

Galindo (Aparte.)   (Los ciento le diera yo
                    a las dos disciplinantes,
                       y los mil a un escritorio.
                    ¡Ah, pobre seso hechizado!

	Mas ¿qué ha de darse el cuitado como los cuartos de Osorio?)
Clara	Ea, deja los enojos; mira que te quiere bien.
Dorotea	¡Ay, Clara! ¿Tú eres también en engañarme a los ojos? No te ciegue el interés, que más te importa mi vida, por este traidor perdida.
(Habla quedo.)	¿Qué es eso?
Clara	Una joya es.
Dorotea	¿Es buena?
Clara	De mil ducados.
Dorotea	Ruégame más.
Clara	Es, señora, mira que llora y te adora; vuelve esos ojos airados. Fulgencio, ruégale tú; ruégaselo tú, Tancredo; Galindo, llega.
Galindo	No puedo.
Dorotea	No me cansés. ¡Ay, Jesú!
Fulgencio	Ea, que estás ya cansada.

Tancredo	Háblale, por vida mía.
Galindo (Aparte.)	(¿Hay mayor bellaquería? ¡Oh, bellaca redomada! ¡Oh, tahúra de querer! ¡Oh, guillota de fingir! ¡Que un hombre pueda sufrir engaños de una mujer!)
Feliciano	Háblame, mi bien, pues ya mira que me estoy muriendo.
Dorotea	¿Qué te he de hablar?
Galindo (Aparte.)	(Sí, fingiendo como hasta agora lo está.)
Dorotea	Agora bien, con condición que no me ha de dar más celos.
Feliciano	No me perdonen los cielos si más te diere ocasión.
(Abrázanse.)	
Dorotea	¡Qué bien sabes engañarme!
Galindo (Aparte.)	(A la trocada lo di.)
Feliciano	¿Qué haremos todos aquí?, que quiero desenfadarme. Pero traigan de cenar, y entre tanto jugaremos.

Fulgencio   Si hay mesa, naipes tenemos.

(Lléguense a la mesa.)

Feliciano   Pues comienza a barajar.
                     Tú, toma aquesos doblones
                     y trae cena bastante,
                     y llama Arsindo, que cante.

(Vase Galindo.)

Galindo   Más quien te rece oraciones.

Tancredo   Al parar podéis jugar.

Fulgencio   Estos juego; alce Tancredo.

Tancredo   En las faltriqueras puedo
                     un archero aposentar.
                        Solo tengo estos papeles
                     de una dama, y que son tales;
                     hago sobre ellos cien reales.

Feliciano   ¿Jugar los favores sueles?
                     ¡Bizarro tahúr de amor!
                     Guárdalos porque estén mudos,
                     y juega estos treinta escudos.

Fulgencio   ¿Quién da mano?

Tancredo   La mayor.

Clara   Un gentilhombre embozado,
                     Feliciano, quiere hablarte.

Feliciano   ¿No te ha dicho de qué parte?

Clara   Ya está dentro; oye el recado.

(Sale Leonarda, en hábito de hombre embozada.)

Leonarda   Lee este papel.

Feliciano   Sí haré.

(Lee.)   «Ricardo te está esperando
              para matarte.»

Feliciano   ¿Pues cuándo
              le di causa? ¿A mí, por qué?
                 ¿Queda este infame en la calle?

Leonarda   Allí queda.

Feliciano   Pues los dos
              venid conmigo.

Fulgencio   Por Dios,
              que has de afrentalle o matalle.

(Vanse Feliciano, Fulgencio y Tancredo.)

Dorotea   ¿Esto es pendencia, galán?

Leonarda   Pendencias dicen que son
              sobre cierto bofetón.

Dorotea   ¿Y son más que los que van?

Leonarda	Solo es un hombre el que espera.
Dorotea	¿Quién?
Leonarda	El alférez Ricardo.
Dorotea	No lo hará mal, que es gallardo.
Leonarda	Que no lo fuera quisiera; mas ¿cómo estáis tan sin pena cuando a acuchillarse van?
Dorotea	Porque si no me la dan estoy de sentirla ajena.
Leonarda	¡Bendígaos el cielo, amén!
Dorotea	Soy de aquesta condición, y por la misma razón vos me parecéis muy bien.
Leonarda	Y vos me agradáis a mí, que sois discreta y hermosa.
Dorotea	Galán mozo.
Clara	Linda cosa.
Dorotea	¿Queréis asentaros?
Leonarda	Sí.
Dorotea	Entrad y dadme la mano.

Leonarda	Por Dios, que me he de esforzar por hacer salva al lugar donde vive Feliciano.

Fin de la segunda jornada

Jornada tercera

(Salen Fabricio y don Tello, indiano, y Julio, lacayo.)

Fabricio   Éste, don Tello, es Madrid,
cuya alma, cuando expiró
su cuerpo, se la llevó
el cielo a Valladolid.
  Este lugar es aquél
que alababa en Sevilla
por única maravilla.

Tello   ¡Qué majestad vive en él!
  Desde Lima hasta La Habana
y desde Cádiz aquí,
lugar más bello no vi.
¡Qué calle, espaciosa y llana!
  ¡Qué edificios! Qué alegría!

Fabricio   Cuarenta años huésped fue
de la corte.

Tello   Bien se ve
que aposentarse podía.

Fabricio   Por el camino te dije
que entre el bien que le ha quedado
es cierto mozo heredado,
que por su gusto se rige,
  donde es la conversación
de la gente del lugar,
y que le has de visitar.

Tello   Por eso y porque es razón

                        digo que le quiero ver,
                        y le soy aficionado
                        por lo que de él me has contado.

Fabricio   Si aquí te has de entretener
                           mientras a la corte vas,
                        no hay dónde puedas mejor,
                        porque, fuera de su humor,
                        notables cosas verás.
                           Aquí hay juego, aquí comedias,
                        aquí esgrimas y valentía;
                        la música todo el día
                        y noches que llaman medias.
                           Aquí viene el alcagüete,
                        la dama busca al galán,
                        aquí los celos se dan,
                        aquí se muestra el billete.
                           Canonizan de discreta
                        a la que está en buen conceto,
                        aquí registra el soneto
                        el siempre pobre poeta.
                           Aquí se trata de Flandes,
                        hay nuevas de todo el mundo,
                        y de él y del mar profundo
                        se cuentan mentiras grandes.
                           Aquí, en efeto, verás
                        un oráculo de Apolo
                        y un mozo que gasta él solo
                        por cuatro grandes y aun más;
                           solo entiende en hacer gusto
                        a cualquiera que conoce.

Tello   Mil años el humor goce,
                        y que los viva es muy justo.

	Llévame, por vida tuya,
	a ese ejemplo de amistad,
	que es mucho que en esta edad
	conozca el mundo la suya.
	Muchos amigos tendrá.

Fabricio   No falta un hombre en Madrid.

Tello   ¿Es noble?

Fabricio   Vendrá del Cid
                      mientras gasta.

Tello   Sí, vendrá.

Fabricio   Si los que tienen dineros
                      los dan en toda ocasión,
                      ¿quién no jurará que son
                      hidalgos y caballeros?

Tello   Dices bien; solo el tener
                      es la perfeta hidalguía,
                      porque el dar es cortesía
                      que está llamando a querer.
                      ¿Está muy lejos su casa?

Fabricio   Antes estamos en ella.

Tello   Hermosa portada.

Fabricio   Es bella;
                      todo aqueste balcón pasa
                        a la otra parte que ves.
                      Milagro es estar cerrada,

                    porque es de todos posada
                    y casa de todos es.
                        ¡Válame Dios! ¿A estas horas?
                    ¿Si se ha mudado de aquí?
                    ¡Ah de allá!

(Sale Galindo, muy triste, en lo alto.)

Galindo   ¿Quién está ahí?

Tello   Pienso que la casa ignoras,
                        que a ser de conversación,
                     agora estuviera abierta;
                     tal voz y cerrar la puerta,
                     señas de tristeza son.
                        Llama tú, julio.

Julio   Parece
                     de las ya desamparadas;
                     responde a las aldabadas
                     eco, y la casa estremece.

Galindo   ¿Quién está ahí?

Julio   Aquella voz
                     debe de ser de algún duende.

Fabricio   Ya de más cerca se entiende.

Tello   Torna a tocar.

Fabricio   Da una cos.

(Más alto.)

Galindo	¿Quién llama? ¿Quien está ahí?
Fabricio	¿Es Galindo?
Galindo	El mismo soy.
Fabricio	¿Que tienes?
Galindo	Enfermo estoy.
Fabricio	¿No vive tu amo aquí?
Galindo	Hay gran mal.
Fabricio	¿De qué manera?
Galindo	Luego que a Sevilla fuiste, que pienso que me dijiste entonces que te ibas fuera, sobre dar un bofetón Feliciano a una mujer, quiso Ricardo poner la mano el él a traición; mas súpolo Feliciano, y desde allí a pocos días, poniendo a Ricardo espías, le asentó tan bien la mano que se partió de esta vida para dárnosla tan mala que solamente la iguala alguna en Argel sufrida. Prendieron a mi señor, y apretáronle de suerte

    que el escapar de la muerte
fue del dinero el favor;
   del cual tanto se ha gastado
que estamos los dos en cueros,
porque, en faltando dineros,
los amigos han faltado.
   Mas cuando salir quería,
por concierto de la parte,
forzándola a que se aparte
con lo que quedado había,
   por no sé cuántas fianzas
de gran suma le embargaron,
porque sus dueños quebraron,
rompiendo sus esperanzas.
   No le quedó de su hacienda
cosa que no está perdida,
embargada, o consumida,
o que a desprecio se venda.
   Hasta la casa que ves
dicen que hoy han de tomar,
en acabando de echar
un colchón y dos o tres
   sillas que nos han quedado
y la mesa del tinelo.

Fabricio	¡Desventurado mozuelo!
	¡Jesús, en lo que ha parado!
	¿Y está preso?
Galindo	Y de manera
	falto de todo favor
	que del amigo mayor
	ni le tiene ni le espera.
	Todos se le han retirado,

      un hombre no le visita,
y el triste al pródigo imita,
que aun no le falta el ganado,
   porque se le han atrevido
chinches, mosquitos, piojos,
que le comen a los ojos
las carnes desde el vestido.

Tello   Movido me ha a compasión.

Fabricio   Quisiérale remediar;
yo le veré si ay lugar
que es mi amigo, y es razón.
   Digo lugar, porque vengo
con aqueste hidalgo indiano,
que es en amistad hermano,
y como huésped le tengo.
   Galindo, adiós.

Galindo   Si podéis,
pues es de hombres principales,
acordaos de dos mil reales
que a buena cuenta tenéis.

Fabricio   Yo haré lo más que pudiere
Buen Galindo, adiós.

Galindo   Adiós.

(Vase Galindo.)

Tello   ¿Qué, éstos son aquellos dos?
¿Quién hay que en el mundo espere?

Fabricio	Por Dios, don Tello, que es justo
que así los castigue el cielo.
¡Bueno es que viva un mozuelo
con las leyes de su gusto!
¡Que dé como un gran señor,
que triunfe, gaste y que estrague
la juventud! ¡Muera, pague!
Tello	Favorecerle es mejor.
Fabricio	Favorézcale el que puede;
dejemos melancolías
y pasemos estos días,
que el tiempo alegres concede,
con buena conversación.
¡Pesia tal, qué grande olvido!
Si éste está preso y perdido,
habrá una linda ocasión.
Tello	¿Cómo?
Fabricio	Sabed que servía
una cierta Dorotea,
que es Naturaleza fea
con ella, en la opinión mía;
discreta, pícara, grave,
decidora, limpia, vana,
cuanto en una cortesana
de Plauto o Terencio cabe.
Por Dios que la habéis de ver,
que está rica de este loco,
y esto de indiano es un coco
que espanta a cualquier mujer.
Yo os quiero ser buen tercero.

Tello	Y yo quiero regalarla,
	si es tal, que pueda ocuparla
	un mes mi gusto y dinero.
	No haré yo los desatinos
	de su galán; mas daré
	lo que baste, que bien sé
	las ventas de estos caminos;
	que este mozo me declara
	y da ejemplo en los amigos,
	que a los gustos son testigos,
	y al pesar vuelven la cara.
Fabricio	A su casa hemos llegado.
	Clarilla sale al portal.
Tello	¿Qué es Clara?
Fabricio	Un claro cristal
	de aquel ángel luminado.
(Sale Clara.)	¡Clara mía!
Clara	¡O, mi Fabricio!
	Seas bien venido.
Fabricio	Creo
	que merece mi deseo
	ese cortesano indicio.
Clara	¿De dó bueno?
Fabricio	De Sevilla.
Clara	Gran tierra.

Fabricio	No tiene igual. Diz que hay por acá gran mal.
Clara	¿Mal, por tu vida, en la villa?
Fabricio	¿Tan olvidada estás ya de Feliciano?
Clara	Ya, hermano, murió en casa Feliciano; luego muere el que no da.
Fabricio	¡Qué! ¿Está preso?
Clara	Y tan perdido que no hay hombre que le vea.

(Hablan Fabricio y Clara aparte.)

Fabricio	¿Y cómo esta Dorotea?
Clara	Quiero decir que has venido. Pero dime tú primero, ¿quién es quien viene contigo?
Fabricio	Es un indiano, mi amigo, muy rico y muy caballero, a quien hemos de poner como queda Feliciano, que es una bestia el indiano y adora en cualquier mujer.

Clara	Pues, Fabricio, si este pez
	nos trujeses hasta el cebo,
	porque parece algo nuevo,
	quedará como una pez,
	y tú no lo perderás;
	voy a hablar con Dorotea.

(Vase Clara.)

Tello	Haz que esta Clara lo sea
	porque se declare más.
Fabricio	¿Qué claridad, pues afirma
	que está sin moros la costa?
Tello	Di que vengo por la posta,
	que el hábito lo confirma,
	porque no tome de asiento
	mi amor, como escribanía.
Fabricio	En viendo su bizarría,
	te dará extraño contento.
Tello	¡Qué presto sale!
Fabricio	Es discreta
	y no es música en rogar.
Julio	Tal Clara la fue a llamar.
Tello	¿Qué hay, Julio?
Julio	¡Linda estafeta!

(Salen Dorotea y Clara.)

Dorotea   Acá me obliga a salir
                 Clara; seáis bien venidos.

Julio (Aparte.) (¡Qué de bajeles perdidos
                 aquí se deben de hundir!)

Fabricio   Vos seáis muy bien hallada,
                 que ya con el bien que estáis
                 en lo gallardo mostráis...

(Hablan aparte Fabricio y don Tello.)

                 ¿No es bizarra?

Tello   Es extremada.

Fabricio   Partí por acompañar
                 al señor don Tello.

Dorotea   ¿A quién?

Tello   A quien os da el parabién
                 de la flor de este lugar.

Fabricio   De Sevilla habrá ocho días;
                 quiso ver aquesta villa
                 y a vos, que sois maravilla
                 suya.

Julio (Aparte.) (¡Qué lindas arpías!)

Dorotea   ¿Yo maravilla, Fabricio?

	¡Maravíllome de ti!
	Don Tello habrá visto en mí...
Julio (Aparte.)	(Que le quitará el juicio,
	después de muchos doblones.)
Dorotea	¡Qué injustamente me estima
	vuestra opinión!
Tello	Hasta en Lima,
	en antárticas regiones,
	dicen que el tiempo no alcanza
	lima que pueda romper
	prisiones de tal mujer,
	si no la da su mudanza
	y que sois de la hermosura
	reina y de la discreción.
Dorotea	¿Qué allá tengo esa opinión?
	¡Válame Dios, qué ventura!
Tello	Harto más lo será mía,
	si vos me queréis mandar.
Dorotea	Ya es tarde, hay poco lugar,
	que es cerca del medio día.
	Venidme a la tarde a ver.
Fabricio	¿Para qué nos hemos de ir?
Dorotea	Pues ¿en qué os puedo servir?
Fabricio	Merced nos podéis hacer.
	Cuando en cas de un gran señor

	se hallan...
Dorotea	Quedo, ya entiendo. Comida están previniendo, y tendrélo a gran favor; pero no sé si es bastante.
Tello	Julio, toma este dinero. Serás hoy mi dispensero.
Julio	Traeré asado un elefante.
Dorotea	Entrad entretanto a ver la casa.
Tello	¡Qué limpia y fresca!

(Hablan Dorotea y Fabricio aparte.)

Dorotea	¿Es de provecho esta pesca?
Fabricio	Un Feliciano ha de ser.
Dorotea	¿De dónde es?
Fabricio	De este lugar, aunque desde niño falta; ten la caña firme y alta, que es barbo de allende el mar.

(Vanse todos y sale Feliciano, en hábito pobre.)

Feliciano	Cárcel, prueba de amigos y venganza, como dicen, de tantos enemigos,

                que bastaba decir prueba de amigos,
                si un preso y pobre algún amigo alcanza.
                    Si es falsa hasta las trojes la esperanza,
                díganlo el tiempo y mis granados trigos,
                pues eran todos de mi bien testigos
                cuando estaban mis cosas en bonanza.
                    Como otro Job me veo perseguido,
                y aun mucho más; porque si Job vivía
                en aquel muladar tan abatido,
                    no vio la cárcel, que de solo un día
                que hubiera sus desdichas conocido,
                trocara su paciencia por la mía.

(Sale Galindo.)

Galindo	Todo va de mal en mal, por no decir en peor.
Feliciano	¡Galindo!

Galindo	Por Dios, señor,
	que es la desvergüenza igual;
	   hablo a muchos a quien diste
	caballos, joyas, vestidos,
	y tápanse los oídos
	al eco de tu voz triste;
	   no hay hombre que dé un real,
	ni aun una buena respuesta.

Feliciano	Prueba de amigos es ésta, pero todos prueban mal; cuando en mi casa tenía dineros, bullicio, juego, ¡qué humilde que andaba el ruego

                        y la adulación servía!
                            ¡Qué de amigos me sobraban!
                        ¡Qué lisonjero tropel!
                        ¡Qué de moscas a la miel
                        del dinero se allegaban!
                            Entonces era yo bueno,
                        entonces era yo honrado.
                        ¡Qué truje de gente al lado!
                        ¿Que mesón se vio más lleno?
                            Parecí mesón en feria;
                        ya la feria se acabó,
                        y solamente quedó
                        la casa con la miseria.
                            ¿No responden esos hombres
                        a mis papeles siquiera?

Galindo   Tres traigo; mas no quisiera
                        que leyeras ni aun sus nombres,
                            que son muy grandes...

Feliciano   No digas
                        de nadie mal en ausencia.

Galindo   Hazte santo, ten paciencia.

Feliciano   ¿Qué quieres? Han sido hormigas;
                            a la parva se llegaron
                        lo que el agosto duró;
                        cargaron de lo que yo
                        les di, y en mi casa hallaron.
                            Murióse el fuego en la fragua,
                        y entrando el invierno fiero,
                        cada cual en su agujero
                        se cerró, temiendo el agua.

| | Yo soy madera de toros,
que estoy en el suelo echada
porque es la fiesta pasada. |
|---|---|
| Galindo | Arrojabas fluxes de oros
   como si fueras fullero;
mas, como el ganar cesó
todo mirón se acogió
con parte de tu dinero.
   Ésta lee que es de Evandro. |
| Feliciano | Ésta leo que es de quien
recibió de mi harto bien. |
Galindo	Tú fuiste, en necio, Alejandro.
(Lee.)	«A nadie de los amigos de vuesa merced a cabido tanta parte de su desgracia. Las que estos días he tenido, no me han dado lugar de enviarle lo que pide, ni a visitarle mis ocupaciones; si me acudieren, lo haré como lo debo. Dios le dé libertad a vuesa merced. Evandro.»
Feliciano	¿Qué te parece?
Galindo	Muy mal;
yo no tengo de mentir.
Feliciano	¡Qué aquesto pueda escribir
un hombre tan principal!
A éste di cuanto tenía,
regalé, estimé y amé;

| | quien esto que pasa ve, |
| | necio será si confía. |

Galindo   Lee aquesto de Tancredo,
             que de la cárcel sacaste
             cuando la vida salvaste.

Feliciano   Tal estoy que apenas puedo.

(Lee.)   «Galindo me dio el de vuesa merced
             y representó su necesidad; pero es
             tanta la mía, y están mis cosas en
             disposición, que escribo esto mismo
             a personas que me deben, de quien,
             en cobrando, acudiré como es mi
             obligación. Tancredo.»

             ¿Puédese aquesto sufrir?
             ¿Puédese en el mundo hacer?

Galindo   Muy bien se puede leer,
             pues que se pudo escribir.

Feliciano   ¡Que vine en persona yo
             a la cárcel y saqué
             de ella este hombre, y que me ve
             en ella, y esto escribió!

Galindo   ¡Pardiós!, si ese no es tacaño,
             yo estoy agora echo un cuero.

Feliciano   Ya te he avisado primero
             que hables bien.

Galindo	No seas extraño
ni te hagas santurrón,
que el perro muerde con rabia.
Feliciano	Mal hace el que ausente agravia
a los que tan buenos son.
Galindo	Por los piojos yo sé
que no lo dices, que es gente
que siempre muerde al presente,
aunque a veces no lo ve.
¡Pardiós, que estás hecho un santo!
Lee este papel.
Feliciano	¿De quién?
Galindo	De Oliverio.
Feliciano	¡Qué de bien
me debe!
Galindo	Haráte otro tanto.
(Lee.)	«Bueno fuera haber guardado para las
necesidades como ésta. Dios quiere que
vuesa merced pague sus locuras, y que le
sirvan de escarmiento la prisión y la
necesidad, que son los dos verdugos de su
justicia. Él quiera que se enmiende y
le guarde para que imite el buen padre
que tuvo. Oliverio.»
Feliciano	Éste, Galindo, confieso
que casi, casi me obliga

                        a que atrevido le diga...

Galindo   ¿Quién tendrá con esto seso?
                            Habla, di, quéjate al cielo
                        de estos amigos fingidos.

Feliciano   A sus divinos oídos
                        de estas sentencias apelo;
                            y si no considerara
                        que toma por instrumento
                        de mi castigo y tormento
                        su desvergüenza tan clara,
                            dijérale lo que he hecho
                        por éstos que me han dejado.

Galindo   ¿El haberlos obligado
                        te ha sido de este provecho?
                            ¡Ah, traidores!

Feliciano   Dios maldice
                        de hombre que en hombre fía.
                        ¡Qué un hombre no entre aquí un día,
                        de muchos a quien bien hice!
                            ¿Hay tal crueldad en el mundo?
                        ¿Hay tan fiera ingratitud?

Galindo   ¿Qué dirás de la virtud
                        de otro Bellido segundo,
                            de otro Aquila y más infame?

Feliciano   ¿De quién dices?

Galindo   De Fabricio,
                        que, tras tanto beneficio,

	no sé qué nombre le llame.
Feliciano	Pues ¿está aquí?
Galindo	De Sevilla ha venido.
Feliciano	¿Cierto?
Galindo	Cierto. Con un don Tello, o don Tuerto, indiano, aunque de esta villa; veníase a entretener a casa; contéle el cuento de tu extraño perdimiento...
Feliciano	¿Y ofrecióse?
Galindo	A no te ver.
Feliciano	¡Válame Dios!
Galindo	¡Qué! ¿Te espantas que los dos mil reales niega?
Feliciano	O el tiempo conmigo juega, o testimonios levantas.
Galindo	Yo te he dicho la verdad.
Feliciano	Hombres, quien tiene un amigo bueno, mire lo que digo. Conserve bien su amistad.

(Sale Alberto, procurador.)

Alberto   Albricias puedes darme.

Feliciano   Buenas sean,
que yo las mando tales.

Alberto   Ya la parte
se ha concertado y se ha bajado.

Feliciano   El cielo
te pague, Alberto, beneficio tanto.

Galindo   Si algún procurador, si algún causídico
merece estatua en bronce, en mármol paro,
sois vos, Alberto; y mientras tenga vida,
Galindo cantará vuestra alabanza.

Feliciano   ¿En cuánto este concierto habemos hecho?

Alberto   En quinientos ducados.

Galindo   ¡Oxte, puto!

Alberto   ¿Eso te espanta? Yo lo juzgo poco.

Galindo   Si fuera en aquel tiempo felicísimo
que reinaba el dinero y la Bambarria
y se daba a rameras y alcagüetas
lo que agora lloramos en las cárceles,
no dices mal, Alberto; pero agora,
¿adónde se hallarán quinientos nísperos?
¿Quién nos los ha de dar? ¿Qué son al justo
cinco mil y quinientos, niños todos

	de a treinta y cuatro años.
Alberto	¡Eso dices!
	¡Cómo! ¿No habrá de solos remanentes
	de una hacienda tan grande más dinero?
Galindo	No le ha quedado cera en los oídos,
	están todas las cosas empeñadas,
	mil tercios recibidos sin cumplirse;
	todo hurtado, perdido y de manera
	que a las calzas parece nuestra hacienda
	del escudero de Alba, que al callárselas,
	el solo y solo Dios las entendían.
Alberto	Pues remedio ha de haber.
Feliciano	Vamos, Alberto,
	que quiero dar un tiento a Dorotea,
	prometiéndole darle mil ducados,
	porque me preste agora estos quinientos.
Alberto	Escríbele un papel.
Feliciano	Tú también habla
	de camino a Fabricio.
Galindo	¡Dios los mueva!
	Mas cree que ara el viento y siembra en agua
	quien bien espera, advierte lo que digo,
	de mujer baja y de fingido amigo.

(Vanse, y salen con mantos Clara y Dorotea, Fabricio y don Tello.)

Dorotea	Ésta es la Calle Mayor.

Tello	¿Es lejos la Platería?
Dorotea	No, mi señor.
Tello	Reina mía, poco a poco el mi señor.

(Hablan aparte Fabricio y Clara.)

Fabricio	Gatazo le quiere dar al indiano Dorotea.
Clara	Pues antes que la posea dineros le ha de costar; pensó que tras la comida se le esperaba esa fiesta.
Fabricio	Calle de amargura es ésta; tiembla aquí la cortesía. Mirando va los manteos. Alguno le ha de pedir.

Clara	¡O, qué mal sabes medir
	dos entendidos deseos!
	  Ella el suyo ha conocido,
	y él juega ya de picado;
	en más estará empeñado,
	pasar tiene del vestido.
	  Yo te digo que le hable
	en su lenguaje.

Fabricio	Eso ignoro.

Clara	Pedirá al que trata en oro, oro.
Fabricio	El indiano es notable, porque se precia de agudo, y le han de dar por el filo.
Clara	¿Ya no sabes tú el estilo de este medusino escudo? Transformaréle en su gusto.
Fabricio	Será piedra si ella es piedra.
Clara	Quien éstas sirve no medra, sino pobreza y disgusto.
Fabricio	¿Pues tú lo dices ansí?
Clara	Sábeme bien murmurar.
Tello	¿No acabamos de allegar?
Dorotea	¿Es lejos?
Tello	Señora, sí; grande es Madrid.
Dorotea	Y espacioso.
Tello	De espacio estaré yo en él, si vos no me sois cruel, que soy tierno y soy celoso.
Dorotea	Hay en las Indias Amor

                        mucho más que por acá
                        que hay mucha verdad allá
                        y no hace poco calor;
                            que, como es niño y desnudo
                        y amigo de oro, he pensado
                        que a las Indias se ha pasado.

(Sale Galindo.)

Galindo   Aquéstos son, ¿qué lo dudo?
                            Qué habrán, después de comer,
                        bajado a la platería.
                        Basta, que Fabricio es guía.
                        ¿Qué queda ya que temer?
                            ¡Oh, traidor! ¿No te bastó
                        negar la deuda debida
                        a quien te diera la vida
                        cuando la hacienda te dio,
                            sino que a la misma dama
                        de tu amigo traes galán?

Fabricio   Hacia los plateros van.

Clara   Hallarán joyas de fama,
                            que aún eso tiene de corte.

Galindo   Quiérolos llegar a hablar,
                        mientras da el tiempo lugar
                        que a este vil los pasos corte.
                            ¡Oh, señor Fabricio!

Fabricio   Clara,
                        Galindillo nos ha visto.

Clara	¿Qué temes?
Fabricio	Quedar malquisto, si esto a su señor declara.
Clara	Jamás estimes perder hombre que esté tan perdido, ni temas al ofendido cuando no puede ofender. Pues, Galindo, ¿dónde bueno?
Galindo	Vengo a pedir a Fabricio la paga de un beneficio de que él pienso que está ajeno; suplícale mi señor le dé los dos mil reales que, de ocasiones iguales, le quedó una vez deudor; que a su padre le llevaban preso, y él por él los dio.
Fabricio	No pensaba entonces yo que dádivas se pagaban; y si lo dado de gracia se pide, págueme a mí lo que le ayudé y serví. Si ya estoy en su desgracia, malas noches que pasé en invierno y en verano tras su pensamiento vano.
Galindo	Basta; yo se lo diré.
Fabricio	Lo que da, muy caballero

	para fama voladora
	lo pide en secreto agora.
	¡Gentil trete de escudero!

Galindo	Paso, Fabricio leal;
	los presos, presos estén;
	ya que no le haces bien,
	no es justo que digas mal.

Fabricio	¿No le daba una cadena,
	y por ser tan fanfarrón
	no la tomó?

Clara	Cosas son,
	Galindo, que el tiempo ordena.
	Si Feliciano se holgó,
	escote aquellos placeres.

| Galindo | Demonios sois las mujeres. |

| Clara | ¡Demonios! Alguna no. |

Galindo	Que como él hace pecar
	y luego culpa al que peca,
	así la mujer se trueca
	desde el placer al pesar.
	Hablar quiero a Dorotea.

| Clara | No vas a buena ocasión. |

Galindo	Si tiene luz de razón,
	cualquiera es bien que lo sea.
	A tu casa iba a buscarte,
	Dorotea, este papel

	de quien un tiempo con él
	quisiera el alma enviarte.
	¡Así las cosas se mudan!
Dorotea	¿Qué quiere aquí tu señor?
Galindo	Dirálo el papel mejor,
	ya que tus ojos lo dudan.
(Lee.)	«La parte se a bajado de la querella
	por quinientos escudos; yo estoy tan
	pobre que hoy no tengo qué comer; o ellos,
	o parte de ellos, te suplico me prestes
	para salir de la cárcel, que dentro de
	dos meses te ofrezco mil por ellos por ésta
	firmada de mi nombre. Feliciano.»
Dorotea	¡Gracia tiene el papelillo!
Tello	¿Quién es éste?
Dorotea	Un cierto preso.
Tello	¡Quinientos!
Dorotea	Está sin seso.
	Dile que me maravillo
	que tenga este atrevimiento;
	pero que cuando perdió
	el seso, no le quedó
	vergüenza mi sentimiento;
	dile que no soy mujer
	que pecho a ningún galán,
	que otras mil se los darán,

      si es que lo saben hacer;
        y no te burles, Galindo,
en venir con esto aquí,
no piense nadie de mí
que a dar a nadie me rindo,
    que haré que te cueste caro.

Galindo
¿Es dar a quien tanto dio,
género de afrenta?

Dorotea
      No;
mas lo que es no lo declaro.

Galindo
    ¿A quien te dio tanta hacienda
tratas así?

Dorotea
    Dile, hermano,
que te venda Feliciano,
si ya no tiene otra prenda,
    pues te precias de leal.

Galindo
¡Pluguiera a Dios que pudiera,
y que en tanto me vendiera
que remediara su mal!

Dorotea
   Lo que se da a las mujeres
nadie lo piense cobrar.
¡Basta! ¡Qué! ¿Queréis comprar
de balde nuestros placeres?
   ¡Basta! ¡Qué! ¿Os parece poco
lo que nos cuesta agradaros?
Pues, ¿habemos de tornaros
lo que nos dais?

Galindo	¡Estoy loco!
Dorotea	Dinero dado a mujer
es echar hacienda al mar,
que el bien se puede aplacar,
mas no la puede volver;
tenéis buen tiempo y coméis
la mitad de lo que dais,
y luego entero cobráis
lo mismo que dado habéis.
Ven, don Tello, por aquí;
sígueme, Clara, también.
Tello (Aparte.)	(Tú respondiste muy bien,
y no muy bien para mí.
¡Yo os conoceré, por Dios!)
Dorotea	¿Qué dices?
Tello	Que voy contigo.

(Vanse don Tello, Dorotea, Clara y Fabricio.)

Galindo	¡Qué buena dama y amigo!
Para en uno son los dos.
¡Ah, falsa! ¡Plega a los cielos
que llegues a tal edad
con la misma liviandad,
que mueras de rabia y celos;
seas vieja enamorada
de un mozo tan socarrón
que le pagues a doblón
la cos y la bofetada!
¡Plega al cielo que al espejo

                        te mires un diente solo,
                        y más que luces el polo
                        arrugas en el pellejo!
                           ¡Plega a Dios que estés tan calva
                        que nadie te pueda asir,
                        y que no puedas decir
                        a nadie: «La edad me salva»!
                           ¡Plega a Dios que aquel indiano
                        sea algún fino ladrón
                        que robe en esta ocasión
                        cuanto te dio Feliciano!

(Vase Galindo.)

(Salen Faustino, viejo, y Leonarda.)

Faustino   ¿No me dirás a qué efeto
                    tantas joyas has vendido?

Leonarda   Para algún efeto ha sido;
                    pero es agora secreto.
                       Id con Dios, tío, y callad,
                    que a la noche lo sabréis.

Faustino   Mucho erráis cuantos ponéis
                    el gusto en la voluntad;
                       si supiera que querías
                    traerme por tu fiador,
                    y que joyas de valor
                    tan a desprecio vendías,
                       no dudes que no viniera
                    contigo de ningún modo.

Leonarda   Juzgaras que es poco todo